“十四五”职业教育国家规划教材

市场营销实务
（中职部分）

（第3版）

主编　杜明汉

中国财经出版传媒集团
中国财政经济出版社

图书在版编目（CIP）数据

市场营销实务 ：中职部分/ 杜明汉主编. --3 版
. --北京 ：中国财政经济出版社，2023.8（2025.8 重印）
“十四五”职业教育国家规划教材
ISBN 978 -7 -5223 -2384 -8

Ⅰ.①市… Ⅱ.①杜… Ⅲ.①市场营销学 - 中等专业学校 - 教材 Ⅳ.①F713.50

中国国家版本馆 CIP 数据核字（2023）第 142832 号

责任编辑：康 苗　　　　责任校对：胡永立
封面设计：华乐功

中国财政经济出版社 出版
URL：http：//www.cfeph.cn
E - mail：cfeph@ cfeph.cn

社址：北京市海淀区阜成路甲 28 号 邮政编码：100142
营销中心电话：010 - 88191522 编辑部门电话：010 - 88190639
天猫网店：中国财政经济出版社旗舰店
网址：https：//zgczjjcbs.tmall.com
北京中兴印刷有限公司印刷 各地新华书店经销
成品尺寸：185mm ×260mm 16 开 11 印张 252 000 字
2023 年 8 月第 3 版 2025 年 8 月北京第 3 次印刷
定价：32.00 元
ISBN 978 - 7 - 5223 - 2384 - 8
（图书出现印装问题，本社负责调换，电话：010 - 88190548）
本社质量投诉电话：010 - 88190744
打击盗版举报热线：010 - 88191661 QQ：2242791300

前言

为深入学习贯彻党的二十大精神，落实“高质量发展是全面建设社会主义现代化国家的首要任务”，“要坚持以推动高质量发展为主题”，“构建全国统一大市场，深化要素市场化改革，建设高标准市场体系，完善产权保护，市场准入，公平竞争，社会信用等市场经济基础制度，优化营商环境”。坚持社会主义市场经济改革方向，推动中国经济再上新台阶。着力培养担当民族复兴大任的时代新人，培养德智体美劳全面发展的社会主义建设者和接班人。我们结合党的二十大精神和我国职业教育教材改革新趋势，对《市场营销实务》一书再次进行了修改。

《市场营销实务》教材在内容和展示方式上有以下特点：

第一，本次教材修订在内容上依照《中共中央关于认真学习宣传贯彻党的二十大精神的决定》的相关要求，为推进党的二十大精神进教材、进课堂、进头脑，将落实立德树人、培养德技并修的高素质技能人才的“人才强国战略”作为基本依据。

第二，在内容上紧密结合商贸企业市场营销活动实际，选取了商贸流通企业营销活动中最基本的实用的知识进行学习。

第三，在内容结构上，根据市场营销知识的内容，修改为 8 个项目、24 个任务和 6 个综合实训项目。

每个任务的学习内容又按照“学习目标”“导入案例”“任务学习”“应用与实践”四个方面进行设计，突出了可操作性。“学习目标”告诉学生本任务要培养的主要素质，要学习的主要知识和培养的能力；“导入案例”主要通过与要学习的内容相呼应的鲜活的营销案例，激发学生学习兴趣，调动学生学习积极性；“任务学习”主要说明学习本任务的价值和意义，本任务具体学习的陈述性和程序性的知识；“应用与实践”包括“营销道德与营销伦理”和“实践训练”两项内容：前者主要实践课程育人，在情景分析讨论中融入育人育德的内容；后者包括训练内容和要求，目的是通过调查、体验等方式，提升同学们运用营销知识分析营销问题、解决营销问题的综合职业能力。

综合实训的 6 个实训项目内容放在教材后面，老师在教学过程中完成该项目的教学内容，即可安排综合实训任务，这是一个融素质、知识、能力一体培养的实训项目。

第四，借鉴了当代课程设计中几种行之有效的方法。

1. 问题导学。每个任务前面都设计了“导入案例”，每个任务又设有两种学习互动内容，一种是关于专业知识和专业技能方面的互动内容；另一种是关于育人育德方面的互动内容。学生在讨论问题的时候，既复习巩固专业知识和技能，又浸润了课程思想政治教育内容。

2. 自主学习与小组学习相结合。任务学习内容通俗易懂，便于学生自学。“营销道德与营销伦理”和“实践训练”大都设计由学生小组共同完成，目的是培养学生团队合作、与人交流、分析问题、解决问题等职业核心能力。

3. 课内学习与社会实践相结合。营销基本知识从书本和课堂上认真学习即可掌握，学生要高质量地完成“实践训练”和“综合实训任务”就必须到企业调研，以引导同学们走向企业，走向社会实践。

4. 过程考核与结果考核相结合。注重过程考核，每个项目后配套的思考与练习，强化学生对知识的巩固。思考与练习也可作为期末考试题库，进行结果考核。“应用与实践”项目中的“营销道德与营销伦理”“实践训练”等活动，根据选定小组的成果与现场展示，老师评价成绩。6个综合实训项目都有考核表，并有具体的考核规范和标准，既考核知识，也考核能力，还要考核思想政治等综合素质，通过小组自评、小组互评、老师评价构成过程考核的重要内容。

第五，使用本教材的几点建议：

1. 课时安排建议表（4课时×20周=80课时）

项目名称		序号	任务名称	建议课时
一	走进市场营销	1	了解市场和市场营销	2
		2	理解市场营销观念	2
二	消费者购买行为分析	3	认知消费者需求	2
		4	了解消费者购买动机	2
		5	熟悉消费者购买过程	2
三	市场细分与目标市场选择	6	学习市场细分	2
		7	了解目标市场选择	2
		8	掌握市场定位策略	2
		9	综合实训	4
四	产品策略	10	认知产品组合策略	2
		11	认知产品市场生命周期策略	2
		12	了解产品包装策略	2
		13	熟悉销售服务策略	2
		14	综合实训	4
五	价格策略	15	熟悉企业定价程序	2
		16	了解企业定价方法	2
		17	学习企业定价策略	2
		18	综合实训	4
六	渠道策略	19	认知分销渠道	2
		20	了解中间商	2
		21	综合实训	4

续表

项目名称		序号	任务名称	建议课时
七	促销策略	22	认知促销组合	2
		23	熟悉人员推销策略	2
		24	掌握营业推广策略	2
		25	了解公共关系促销	2
		26	了解网络促销	2
		27	综合实训	4
八	销售分析与绩效考评	28	销售分析	2
		29	营销人员绩效考评	2
		30	综合实训	4
课堂学习小计				48
实训小计				24
机动				8
合　计				80

2. 过程考核主要关注学生四个方面的表现：一是平时到课学习情况，课堂上参与小组讨论情况；二是平时完成“营销道德与营销伦理”“实践训练”的表现及成果；三是“综合实训”项目中小组自评、小组互评、老师评价是过程评价的重要内容；四是完成“思考与练习”作业的情况。

每个项目的实践训练一般要提前安排，给学生留出调查时间。根据情况，可让每个同学参与完成全部实践训练内容，以培养学生的综合素质和营销职业能力。

3. 期末考试。在每个项目后的“思考与练习”中，设有选择题、判断题等题型，这些题型与营销专业职业资格证（知识）考试题型基本相符。这既为学生提供了自主学习的内容，也可作为学生进行期中、期末测试用题。

本书由杜明汉担任主编。山西金融职业学院杜明汉教授编写了项目一、项目二、项目三，山西财贸职业技术学院孙金霞教授编写了项目四、项目五、项目六，山西财贸职业技术学院李光伟讲师编写了项目七、项目八，山西省商务厅高级经济师李志胜同志参与了教材编写提纲和教学内容设计的讨论，并对服务策略、销售人员绩效考评等内容提出了具体意见。本次修订由杜明汉、李光伟、孙金霞总纂定稿。

本教材在修订过程中，参考借鉴了国内大量市场营销教材，更新了部分内容和案例，限于篇幅未能一一注名，在此表示诚挚谢意。由于作者水平有限，加上时间仓促，难免还存在错误和遗漏，恳请专家同行及读者不吝指正。

为了方便老师教学，本书配有教学课件（PPT）、微课以及营销道德与营销伦理提示，手机扫描书内二维码即可查看。

编者

2023 年 9 月

目录

项目一 PPT

项目一
走进市场营销

任务1　了解市场和市场营销

学习目标

素质目标：通过本任务知识的学习、导入案例和应用与实践训练，激发同学们喜欢市场营销、热爱市场营销的兴趣，提高同学们自主学习市场和市场营销知识的积极性。

知识目标：通过本任务知识学习，能够陈述市场、市场营销等陈述性知识。

能力目标：通过本任务的导入案例和应用与实践训练，具有分析市场与市场营销的关系的能力。

导入案例

年轻米商——明华

在古代中国的一个村庄，有一个叫明华的年轻米商，加上他村庄里一共有6个米商。他每天坐在米店前等待顾客的光临，但生意非常冷清。

一天明华意识到，必须要了解一下乡亲们，了解他们的需求和愿望，而不只是把米卖一点、算一点，经营的实际让他认识到，必须要让乡亲们感到买他的米物有所值，而且比其他几个米商的米都划算。于是他决定对销售过程进行记录，记录下乡亲们的饮食习惯、订货周期和供货的最好时机。为此，明华首先开始走访调查住户，询问下列问题：①家庭的人口总数；②每天大米的需求量是多少；③家中米缸的存量有多大？针对了解到的信息，他向乡亲们承诺：①免费送货；②定期将乡亲们家中的米缸填满。

问题：年轻米商明华通过了解乡亲们的需求和愿望，向乡亲们作出承诺并一直认真地践行承诺。明华是在做市场营销吗？

[**提示：**明华面对村庄里一共有6个米商的经营环境，首先了解乡亲们的需求和愿望，详细记录乡亲们的饮食习惯、家庭的人口总数、每天大米的需求量、家中米缸的储存

量，从而确定订货周期和供货的最好时机，并且他向乡亲们承诺免费送货。明华的做法从认真了解客户需求开始，诚心诚意地为客户服务，从而受到客户信赖。虽然竞争对手有6家，但明华能不断思考，优化服务措施，推出新的营销策略，因此他的一系列做法就是在做市场营销。]

任务学习

我们生活在社会中，其实每天都与市场营销打交道，你从附近超市琳琅满目的货架上看到市场营销，你从充斥整个电视屏幕、杂志和网络的广告中看到市场营销，在家里网购、在学校小卖部购买饮料和电影院看电影……我们几乎都处在市场营销的包围之中。因此，为了方便我们的生活和工作，我们需要了解和掌握有关市场和市场营销方面的相关知识。

我们学习市场营销知识首先要从认知市场和市场营销开始。那么，什么是市场，应从哪些角度去理解市场，什么是市场营销，如何理解市场营销。只有我们了解了市场的含义和市场的特征，理解了市场营销的含义及构成要素，我们才可能借助于市场合理开展市场营销活动。

一、市场

企业的营销活动离不开市场，市场是企业进行营销活动的舞台，是企业一切营销活动的主战场。

（一）市场的含义

1. 市场是商品交换的场所

这是一种狭义的市场概念，这种认识将市场看作是一个区域，即在特定的空间，固定的时间中，人们进行商品的交换活动。“日中为市，聚天下之民，取天下之货，交易而退，各得其所”。在这里，买卖双方一手交钱，一手交货，钱货交换，各得其所。如农贸市场、超级市场等。

2. 市场是指某种或某类商品需求的总和

商品的需求是通过买主体现的，因而也可以说，市场是某一产品所有现实买主和潜在买主所组成的群体。哪里有需求，哪里就有市场，对于企业来讲，商品定价以后，如果有人愿意以此价格购买，就意味着产品有市场，愿意购买又有货币支付能力的人越多，企业的市场就越大。在市场经济条件下，企业要面向市场，就是指企业要面向消费者需求。

3. 市场是买主、卖主的结合

市场上的卖主、买主表现为供求的双方，因而也可以说，市场是供求双方力量相互作用的总和，我们经常听到“买方市场”“卖方市场”的说法。“买方市场”说明整个市场对买方有利，在交易过程中消费者处于主动地位，由消费者支配着销售关系。“卖方市场”说明整个市场对卖方有利，在交易过程中商品的销售者处于主动地位，由卖方支配着销售关系。因此，准确判断市场供求关系的相对强度和变化趋势，对于企业进行营销决策是十分重要的。

4. 市场是指一定时间、一定地点条件下商品交换关系的总和

这是广义的市场概念，任何一个企业都只能在整体市场上开展营销活动，企业的经营

时时刻刻都与市场保持着输入输出的交换关系。正因为如此，任何一个企业都需要借助市场生存与发展。

从市场营销角度说，那些具有特定的欲望与需求，并且愿意和能够以交换来满足此欲望和需求的现实购买者与潜在购买者就形成了市场。

【学习互动】

上述几种市场含义的实际意义各不相同，当我们说“北京的水果市场很大”时，这里的“水果市场”是指哪一种含义的市场？

（二）构成市场的条件和要素

1. 形成市场的基本条件

市场必须具备以下三个条件：

（1）有从事市场交换活动的当事人。包括生产者、中间商、消费者。

（2）有能够满足消费者某种需要的一定数量的商品和劳务。这是构成市场的物质基础。

（3）有交易双方都能接受的交易价格、畅通无阻的信息及其他相关的条件。

只有具备了以上基本条件，才能成为现实的市场。

2. 构成市场的三个要素

要构成市场应包含三个要素：

（1）有某种需求的人；

（2）有为满足这种需求的购买能力；

（3）有购买欲望。

用公式表示就是：市场 = 人口 + 购买力 + 购买欲望

构成市场的这三个要素是相互制约、缺一不可的。例如，一个地区人口众多，但收入很低，购买力有限；或购买力虽然很大，但人口很少，都不能形成很大的市场。只有人口多，购买力又高，才能形成一个庞大而具有潜力的市场。但是，如果提供的产品得不到购买者（文化和个性方面）的认同，也不能激发人们的购买欲望。所以，现实中的市场应该是上述三个要素的统一。

二、市场营销

（一）市场营销的含义

微课：认识市场营销

“市场营销”是指一整套活动，即对一种能满足现有的和潜在需要的产品或劳务，从设计、生产、定价、运输到促销互为影响的一系列活动的计划和实施过程。

市场营销不仅包括生产经营活动开始之前的收集市场信息、市场调研、分析市场机会、进行市场细分、选择目标市场、设计开发新产品等，而且还包括生产过程完成后进入销售环节的产品定价、选择分销渠道、开展促销活动、提供销售服务等，同时还包括销售结束之后的售后服务、信息反馈等一系列活动。可见，市场营销过程涉及生产、分配、交换和消费等多个方面。

市场营销是联结企业与社会的纽带。营销活动组织者在制定营销策略时必须权衡企业利益、顾客需要和社会利益，只有处理好企业、顾客和社会三者之间的利益关系，企业营销才能获得成功，企业才可能持续发展。

【学习互动】

有人说："营销就是让消费者只关注价值，忘记价格。"请你从平等互惠、诚实守信的角度谈谈个人的看法。

（二）市场营销活动的构成要素

1. 市场营销是一种社会性的经营管理活动

从本质上讲，市场营销是指一种活动，尤其是指企业的经营管理活动。在企业众多的经营管理职能中，最显著、最独特、最核心的职能是市场营销。

2. 市场营销是一种商品交换活动

通俗地讲，市场营销就是做买卖，就是企业围绕产品销售而展开的一系列运筹与谋划活动，而销售就是把产品卖出去，有买才有卖。因此，从本质上说，市场营销是一种商品交换活动。

3. 市场营销的主体是企业

市场营销适用于存在交换的所有领域。从广泛的角度说，市场营销的主体可以是个人、非营利性组织、企业、公司等，但最具有典型意义的营销主体是企业。

4. 市场营销的客体是消费者或顾客

以企业为主体的市场营销活动的对象是消费者（个人消费者或组织消费者），市场营销就是企业面向消费者开展的一种经营活动。

5. 市场营销的核心是交换

从供给和需求两个方面来分析，同时满足自己需求和他人需求的唯一途径就是商品交换，只有同时满足交换双方需要的活动才是市场营销。

6. 市场营销的目的是满足消费者需要的同时企业获取利润

对于企业来说，只有发现消费者现实需要和潜在需要，并通过商品交换尽力去满足，通过满足消费者需要的同时实现企业的盈利，这是市场营销的基本目标。

应用与实践

【营销道德与营销伦理】

背景资料：

我陪一个朋友到某市海港城购物，晚上 9 点多到附近坐地铁时，朋友走进一家街边药店，本来是要买一瓶止咳露，结果店主说我朋友面相有疾病，需要服用一种特效中草药。我看店主眉飞色舞的样子，就对朋友讲不要过于轻信这些江湖郎中式的推销。但他听了却很兴奋，跟随这个店主到了店里面。店主指着一大瓶草药，说这个效果最好。朋友一看上面写着 580 元，就说可以买一些。店主称上一堆，然后问要不要打碎，我的朋友说可以，于是另一位店员以迅雷不及掩耳速度将这包草药打碎，然后包扎好，说这些一共是 80 钱，总价格 46400 元。一番争执后，朋友不得不买了 2000 多元的，结果这个店主用电子秤称完，只有半瓶。以上情况只能说明这位店主已经开起了黑店，不但在价格上捣鬼，连分量也开始诈骗。

问题：依据背景资料，结合党的二十大报告中提出的我们要“弘扬诚信文化，健全诚信建设长效机制”，对本案例中存在的营销道德和营销伦理问题谈谈你的看法？

讨论分析：

个人：结合已经学习的内容和多种渠道收集的资料，试对上述实例中的问题作出你的营销道德和营销伦理分析，并说明你作出营销道德和营销伦理分析所依据的行业道德和伦理规范。

小组：同学们每四人分为一个小组进行讨论，一人记录，形成小组意见，准备在班级交流。

全班：各小组推选一位代表陈述本小组观点。

教师：记录各小组陈述要点，进行点评。

提示 1－1

【实践训练】

1. 实践训练内容

通过实地观察和分析，参照“水果”一栏的样例填写完善其他三种商品的生产者、销售者、消费者等内容，剩下的两行空格请同学们自己选择两种商品进行填写（见表 1－1）。

表 1－1

	生产者	销售者	消费者
水果	水果种植户	水果经营商	家庭成员
电视机			
家用小汽车			
男士 T 恤			

2. 要求

（1）每个同学单独完成实践训练内容，把完成的实践训练内容上传到班级微信平台。

（2）老师可抽查 3—5 名学生在班级展示自己填写的内容，教师对同学们陈述的内容进行点评（独立思考、诚实守信）。

任务2　理解市场营销观念

学习目标

素质目标：通过本任务知识的学习、导入案例和应用与实践，认同现代市场营销观念指导下的营销职业道德和营销伦理的基本要求的内容。

知识目标：通过本任务知识学习，熟悉市场营销观念演变、新旧市场观念的主要区别等陈述性知识。

能力目标：通过本任务的导入案例和应用与实践训练，能陈述市场营销观念演变的历史过程，会从两个角度分析新旧市场营销观念区别。

导入案例

为的哥送把遮阳伞

某饭店曾搞过一个叫“为的哥送把遮阳伞，夏日送清凉”的活动。在异常炎热的夏日里，某饭店的员工来到机场，向辛苦奔忙的出租车司机送车窗遮阳伞和便携式水杯，为他们送去一份夏日里的清凉。当这些司机得到这些精美的礼品时，他们非常惊讶，特别是当他们发现这些礼品是专门为这次活动制作时，就更加感动了。毫无疑问，这个饭店的做法给出租车司机留下了非常深刻的印象。

问题：（1）这家饭店为什么会给的哥送遮阳伞？（2）试说明这家饭店运用了什么样的营销观念？

[**提示：**出租车司机对于餐饮企业和宾馆饭店来说，是一个非常特殊的群体，他们可以给饭店带来很多的客源。这个饭店这样做，一方面关注了出租车司机，另一方面通过这样的公益活动，为企业树立了良好的社会形象。最终的结果是，出租车司机得益的同时，他们愿意为有需要住宿的客人介绍这家酒店，这样企业就从中受益。这就是我们介绍的社会市场营销观念，社会市场营销观念实际上使企业在关注社会、承担社会责任的同时，也赢得了良好的知名度和社会美誉度。]

任务学习

本任务主要是了解在市场经济的发展过程，市场竞争日益激烈，厂商的营销观念不断发生变化，先后出现了一些不同的观念，这些营销观念与当时的社会经济环境、科学技术水平、消费观念等有着密切的关系。学习市场营销观念，认识市场营销观念演变的特点，与时俱进地更新市场营销观念，才能在现代竞争激烈的市场营销活动中立于不败之地。

市场营销观念发展变化既反映了社会生产力水平及市场经济的发展水平，也反映了企业营销人员对市场营销发展客观规律的认识水平。学习了解市场营销观念的相关知识，有利于营销人员树立正确的营销指导思想，根据不同的市场营销环境，合理运用营销观念，提高企业产品的竞争力。

一、市场营销观念的演变

企业的市场营销观念是在一定的经济基础上产生和形成的，是与当时的经济发展形势和市场发展程度相适应的，不同的营销人员会对市场作出不同的判断，企业营销人员会根据自己的判断采取不同的营销方式，进而产生不同的营销效果。随着市场环境的发展变化，市场营销观念经历了一个不断的演变过程。

（一）生产观念

生产观念是指企业以生产为中心来组织企业的经营活动。这种观念是在资本主义工业革命完成以前流行的观念。那时生产发展缓慢，生产效率低，市场总的趋势是供不应求。因此，企业主要精力都集中在增加产品产量、降低成本上，很少考虑也没有必要考虑消费者的需求差异。这种观念的经营着眼点是产品，经营的基本策略是以生产数量多、物美价廉的产品而取得优势，经营的基本方法是等客上门，通过大量生产来取得利润。

（二）产品观念

产品观念是与生产观念并存的一种观念。这种观念认为，消费者欢迎质量高、性能好、有特色、价格合理的产品，因此，企业应集中一切精力提高产品质量，只要产品做到精益求精、物美价廉，顾客就会主动上门，无须大力推销。因此，从根本上说，产品观念只是生产观念的另外一种表现形式，只是它比生产观念多了一层竞争的色彩。在产品供不应求的情况下，这种观念常常会成为一些企业经营者的指导思想。

产品观念不关注消费者基本需求的满足，在市场营销中缺乏远见，只看到自己的产品好，而看不到市场需求在变化。大量的事实证明，货真价实、经久耐用的产品，并不会永远畅销。

（三）推销观念

当企业家不再担心能不能大量生产而是担心生产出来的产品能不能全部销售出去的时候，推销观念应运而生。推销观念的产生是由于产品“过剩”所致。推销的目的是完成现时交易，而不是在满足需求的前提下与顾客建立长期的可获利的关系。推销者侥幸地认为，顾客在强力推销下购买了某产品，从此会喜爱该产品。即使他们不喜欢该产品，不久之后也可能会忘记自己的感受，并再次购买。

（四）市场营销观念

这是一种完全不同于上述三种营销观念的现代营销观念，这种观念认为，企业的市场营销工作应该以目标顾客的需求为中心，从顾客需求出发，集中企业的一切资源和力量，设计生产适销对路的产品，安排适当的市场营销组合，采取比竞争者更有效的策略，满足顾客需求取得利润。市场营销观念的核心就是：消费者或用户需求什么，企业就应当生产、销售什么，一切以消费者需求为中心。流行的口号是“顾客至上”“顾客就是上帝”“哪里有消费者需求，哪里就是我们的市场”。

市场营销观念是在买方市场的条件下形成的。随着科学技术的飞速进步和生产的不断发展，产品生产能力大大提高，商品供大于求，买方市场全面形成。企业家们认识到，只抓生产或推销是不够的，在激烈的市场竞争中，企业只有注重生产前的市场调查研究，善于发现和了解顾客需求，从消费者需求出发，组织生产经营活动，市场需求什么，就生产和销售什么，市场需求在整个市场营销中处于中心地位。从推销观念到市场营销观念是企业营销观念的一次深刻变革。

【学习互动】

“唯有落实顾客至上的观念，才能使服务的品质日渐提升，客户方能真正成为我们的永久支持者”。请你从营销道德和营销伦理角度说说你对这一说法的理解。

（五）社会市场营销观念

社会市场营销观念是对市场营销观念的重要补充和完善。这种观念认为，企业的市场营销活动不仅应当满足顾客的需要并使企业获取利润，还必须考虑到消费者和社会的长远利益，这种观念强调要正确处理好消费者需要、企业利润、社会长远利益之间的矛盾，要统筹兼顾，求得三者之间的协调与平衡。

社会市场营销观念是市场营销观念的进一步发展，使营销观念更加科学，使企业营销更具有可持续性。

【学习互动】

回顾你熟悉的购买活动，描述 2 种营销观念指导下产品销售有什么特点？

二、新旧营销观念的区别

上述五种营销观念可以归纳为两大类：以生产为中心的生产观念、产品观念和推销观念称之为传统营销观念；以顾客为中心的市场营销观念和社会市场营销观念称之为现代营销观念。两类营销观念存在着本质的区别，见表 1 – 2 所示。

表 1 – 2　　新旧营销观念对比表

观念类型	起点	中心	手段	目标（终点）
传统营销观念	产品	现有产品	增加生产或加强推销宣传	通过扩大销售获利
现代营销观念	市场	消费者需求	整体营销活动	通过满足顾客需求获利

改革开放几十年的实践，使我国有越来越多的企业家将现代营销观念融入企业文化之中。在现代市场营销观念指导下，中国已脱颖出华为、海尔等具有国际竞争力的知名企业和品牌。现代营销观念要求企业：第一，顾客至上，把服务好顾客作为企业的最高目标；第二，为了满足顾客的需求，必须实施整体市场营销组合策略；第三，企业营销的目标是满足顾客需求，企业获取利润，增进社会福利，促进社会经济可持续发展。

应用与实践

【营销道德与营销伦理】

背景资料：

随着社会发展，利润最大化的传统价值观被与社会互利共赢的现代企业价值观所取代，让人们开始发现两者并非处于绝对对立，尚有内在一致的地方。比如社会大环境提倡节能减排，企业往往会为应对外围环境调整战略行为。某手机生产企业开始研发用玉米做手机外壳，在废旧手机外壳能得到完全降解的前提下，又使企业有更低成本的选择，确保长期盈利，这时就达到了商业行为与社会关系双赢的局面。

可见，市场竞争已经不单单是一种经济行为，同时也是一种社会行为和道德行为。

问题：依据背景资料，结合党的二十大报告中提出的我们要“实施全面节约战略，推进各类资源节约集约利用，加快构建废弃物循环利用体系”，对本案例中存在的营销道德和营销伦理问题谈谈你的看法？

讨论分析：

个人：结合已经学习的内容和多种渠道收集的资料，试对上述实例中的问题作出你的营销道德和营销伦理分析，并说明你作出营销道德和营销伦理分析所依据的行业道德和伦理规范。

小组：同学们每四人分为一个小组进行讨论，一人记录，形成小组意见，准备在班级交流。

全班：各小组推选一位代表陈述本小组观点。

教师：记录各小组陈述要点，进行点评。

提示 1－2

【实践训练】

五种市场营销观念体验

1. 实践训练内容

仔细观察商家的营销活动，收集五种不同的市场营销观念的营销活动，并把收集到的资料填写在表 1－3 中。

表 1－3　　五种营销观念体验分析表

序号	营销观念类型	举例说明销售的商品，推销用的语言，分析原因
1	生产观念	
2	产品观念	
3	推销观念	
4	市场营销观念	
5	社会市场营销观念	

2. 要求

（1）列出一种具体的商品，记录推销商品时的用语，并分析说明原因。

（2）同学们把完成的实践训练内容上传到班级微信平台。

（3）老师可抽查 3—5 名学生在班级展示自己填写的内容，并陈述自己成果，教师对各位同学陈述的内容进行点评。

思考与练习

1. 选择题

（1）市场营销的最终目标是（　　）。

A. 销售产品　　B. 企业赢利

C. 塑造形象　　D. 满足需求与欲望

（2）最典型的市场营销主体是（　　）。

A. 企业　　B. 组织

C. 个人　　D. 消费者

（3）市场营销所包含的要素有（　　）。

A. 人口　　B. 购买欲望

C. 购买地点　　D. 购买能力

（4）社会市场营销观念兼顾了（　　）。

A. 消费者利益　　B. 社会整体利益

C. 国家的利益　　D. 企业经济效益

（5）买方市场意味着市场供求的基本态势是（　　）。

A. 供过于求　　B. 供不应求

C. 供求平衡　　D. 供求脱节

（6）从自身利益出发，企业考虑较多的观念是（　　）。

A. 产品观念　　B. 市场营销观念

C. 推销观念　　D. 社会市场营销观

E. 生产观念

（7）（　　）是市场营销的核心。

A. 商品销售　　B. 交换

C. 商品供给　　D. 支付能力

（8）生产观念强调的是（　　）。

A. 以量取胜　　B. 以廉取胜

C. 以质取胜　　D. 以形象取胜

（9）我们生产最好的电视机，这句话体现了（　　）。

A. 生产观念　　B. 产品观念

C. 推销观念　　D. 市场营销观念

2. 判断题

（1）市场营销可以创造需求。（　　）

（2）市场营销活动就是指在流通领域内进行的经营活动。（　　）

(3) 企业生产经营活动的起点是市场，它的归宿和终点是消费者。　(　　)

(4) 从市场营销者的角度，市场的大小就是指某种商品需求的多少。　(　　)

(5) 任何产品，只要货真价实，就会永远畅销。　(　　)

(6) 现代市场营销观念的核心就是一切以消费者的需求为中心。　(　　)

(7)"顾客就是上帝"意味着顾客或用户需要什么，企业就应当生产或经营什么。
(　　)

(8) 任何能满足人们需求的东西都是产品，包括人物、观念、组织等。　(　　)

(9) 市场营销观念是以销定产的观念。　(　　)

项目一习题答案

项目二 PPT

项目二
消费者购买行为分析

任务1　认知消费者需求

学习目标

素质目标：通过本任务知识学习、导入案例和应用与实践，提升同学们对消费需求多样性的认同、激发同学们尊重个性需求、满足消费需求多样性职业兴趣。

知识目标：通过本任务知识的学习，能描述消费者需求的分类及相关内容，消费者需求的特点等陈述性知识。

能力目标：通过本任务的导入案例和应用与实践的训练，培养同学们对消费者需求的分类及相关内容，消费者需求的特点进行分析的能力。

导入案例

诚信经营

某钟表店手表积压太多，店里资金周转缓慢，面临破产的危险。新上任的经理冥思苦想，灵机一动，登了别具一格的广告。

“本店现存一批手表，走时不太准确，一天会慢20秒，现优惠销售，望购买者三思而后行。”

广告登出后，表店突然门庭若市，积压的手表一售而空，解决了钟表店的危机。

问题：结合党的二十大报告中提出“弘扬诚信文化”，对本案例中采取的营销办法谈谈对你的启发。

[**提示：**这则广告给消费者传递了这家表店对顾客诚实的信息，告诉顾客表一天会慢20秒，与党的二十大报告中提出的“弘扬诚信文化”思想相吻合，即使号称非常准确的手表通常也存在一天慢几十秒的现象，这样的广告内容客观、真实，从而激发了消费者的消费需求。]

任务学习

上一个项目我们学习了市场和市场营销相关的知识，为了能有效率开展市场营销活动，更好地为消费者服务，我们必须要了解什么是消费者需求，认知和理解消费者需求及相关内容。成功的企业都把分析研究消费者需求作为制定营销计划、实施营销战略的条件。

营销始于消费者，为了有效地开展市场营销活动，企业要学会研究分析消费者需求及购买行为。消费心理学研究表明，消费者某一购买行为的产生，总是遵循“消费需求→消费动机→消费行为”的规律来进行的。对于购买者来说，需求是产生购买动机、实施购买行为的直接原因，需求是消费者实施购买活动的动力。本任务将详细介绍有关消费者需求、消费者需求产生和起源、需求分类和消费者需求的基本特征等内容。

一、消费者需求的概念

需求是指人们感到自己某种欠缺而力求获得满足的一种心理状态。人们为了维持生命，就有补充养料、求得安全和进行繁殖的客观要求；作为社会成员又离不开群体与社会。人们的生理性、社会性需要，推动着生产的发展和社会的进步，而生产的发展和社会的进步又会使人们产生新的需求。

消费者需求是指消费者在一定的社会经济条件下，为了自身的生存与发展而对某一产品或服务的渴望与欲望。消费者需求通常以对商品或服务的愿望、意向、兴趣等形式表现出来。消费需求的产生，有赖于消费者个人当时的生理状态，社会情景以及个人认识。消费者需求既是营销活动的出发点，又是营销活动转化为购买活动的中介，没有消费者需求，营销活动就失去了它存在的意义。

二、消费者需求的内容

随着社会政治经济文化的发展，消费者需求的个性化越来越强，消费者需求的内容也多种多样。这里我们按以下几个标准对消费者需求进行划分。

（一）按照需求的产生和起源分类

1. 生理性需求

生理性需求是人们为了维持和发展个体生命而产生的对客观事物的需求和欲望，如饮食、睡眠、休息、运动、御寒等。

2. 社会性需求

社会性需求是与人的社会生活相联系的一些需求，这类需求起源于人类的社会活动，属于人类社会历史的范畴。人们的社会性需求是在人类社会历史发展的过程中形成和发展的，它受到政治、经济、文化、地域和民族等因素的制约。

（二）按照需求的性质分类

1. 物质需求

物质需求是指人们对物质对象的欲望和要求。如对衣、食、住、行等有关物品的需求，对劳动工具、劳动对象的需求等。随着社会生产力的发展和科学技术的进步，人的物质性需求也在不断地丰富与发展。

2. 精神需求

精神需求是指人们对社会精神生活的需求，如对知识、艺术、道德、宗教以及美的需求等。精神需求是高层次需求，它是人们学习科学知识、追求真理、探索自然和社会发展规律的动力。

（三）按照需求的层次分类

1. 生存需求

生存需求是指人们为维持肌体活力而产生的对基本生活物品的欲望和要求，如对食物、服装、住房等的需要。生存需求是人类最基本的需求。

2. 享受需求

享受需求是指人们为增添生活情趣，实现感官和精神愉悦而产生的各种欲望和要求，如对彩电、冰箱、高档衣料、装饰品、奢侈品等各种消费品及服务的需求。享受需求不是人类生存所必需的基本生活需求。

3. 发展需求

发展需求是指人们为发展智力和体力，提高个人才能，实现人生价值而产生的欲望和要求，如对书籍、电脑等的需求。当人们的生存需求得到基本满足之后，很多人就注重发展需求了。

【学习互动】

依据每一种需求分类内容，谈谈你是怎样看待这些需求的？

三、消费者需求的特点

（一）需求的多样性和差异性

社会中所有的人口，都是消费品市场的购买者，由于消费者自身的主观状况和所处的消费环境的影响，不同的消费者在年龄、性别、民族传统、生活方式、文化水平、经济条件、个性特征、所处地域等社会环境方面的差异，就会形成多种多样的需求。每个消费者都按照自己的需求评价，选择、购买商品，或经济实用、或新潮流行、或美观新颖，都鲜明地表现出不同消费者之间需求的差异性。

（二）需求的层次性和发展性

消费者对商品和服务的需求是有层次的。有的人是充饥、御寒、安全等生理方面的需求，有的人是希望受到他人尊重、能实现自我等精神方面的需求。就发展性而言，消费者的需求是一个由低级向高级、由简单向复杂不断发展的过程。在生产力水平低下、物质产品匮乏的情况下，人们更多地关注于基本的生理需求的满足。当社会提供的物质产品日益丰富时，人们需求的内容也日益扩展，特别是随着科学技术和生产力发展，物质产品极大地丰富，新的消费领域会不断涌现，人们的消费需求在内容、层次上会有更新和发展，如吃要营养、住要舒适，还要求通过各种有形、无形产品的消费满足社交、尊重、情感、审美、求知等多方面的需求。

【学习互动】

有人说："市场营销就是通过满足消费者需求来创造利润。"请你从营销道德和营销伦理角度分析，这种说法正确吗？说说你的意见。

（三）需求的小型性和重复性

在现代社会里，"三口之家"的家庭模式比较普遍，家庭小型化导致消费者出现小型购买的特点，由于购买量小，就必须要经常重复购买，因此，消费品市场购买的重复性及小型性的特点十分突出。营销活动中在产品的容量、包装、设计上必须与此相适应。

（四）需求的伸缩性和周期性

消费者对商品的购买决策会随自身收入水平的变化、市场供求变化、价格变化或储蓄、信贷等的影响而发生一定程度的变化，这就是购买的伸缩性。比如高档耐用消费品对消费者来说，不像日用品那样必不可少，它可买可不买，选择性大，因而伸缩性也比较大。此外，消费者需求的变化还具有周期性的特点，一些消费需求在获得满足后，一定时期内不再产生，但随着时间的推移还会重新出现，并显示出明显的周期性。例如，对食品的需求周期具有时间短、循环快、重复性高的特点；服装的需求周期直接受气候变化的影响，表现出明显的季节性的周期性。

（五）需求的可变性和可诱导性

人们的消费需求不是一成不变的，无论何种内容、层次的需求都会因环境的变化而发生改变。也正由于此，消费需求具有可诱导性，即可以通过人为地、有意识地给予外部诱因或改变环境状况，诱使和引导消费需求按照预期的目标发生变化和转移。

（六）需求的连带性和替代性

不少消费品的需求是具有连带性的，即购买某种商品时，需附带购买一系列其他相关商品。如购买小汽车，就要附带购买车载记录仪、车用充电设施等商品。对这些具有密切连带的相关商品进行科学合理的配套，不仅会给消费者提供方便，而且可同时扩大各种商品的销售。

另外，不少商品的购买具有替代性，如浴液对香皂就有一定的替代性。这就意味着某种产品的销量增加，与此相关的替代品的销量就会相应地减少。因此，及时掌握商品的更新换代趋势，及时调整商品的品种，是企业必须时刻注意的问题。

应用与实践

【营销道德与营销伦理】

背景资料：

某快餐店销售已过保质期食品，随意更改食品保质期等行为被曝光，该店随即被卫生管理人员查处，并遭大量记者围堵。该店一名员工说，如果食品原料到了规定的保质期，标准是要求扔掉，但是不可能扔掉，没有一家店是扔掉的，他们都睁一只眼闭一只眼。规定是人定的，快餐店一切又都基于成本考虑，并牵扯员工切身利益问题，因此很多规定难以执行。

问题：本案例中存在哪些营销道德和营销伦理问题？

讨论分析：

个人：结合已经学习的内容和多种渠道收集的资料，试对上述案例中的问题作出你的营销伦理和职业道德研判，并说明你作出营销道德和营销伦理研判所依据的营销道德和伦理规范。

小组：同学们每四人分为一个小组进行讨论，一人记录，形成小组意见，准备在班级交流。

全班：各小组推选一位代表陈述本小组观点。

教师：记录各小组陈述要点，进行点评。

提示2-1

【实践训练】

个人购买商品需求认知

1. 实践训练内容

（1）列出3件你最近购买的商品，描述每件商品原打算满足的最重要需求。

（2）填充下面表2-1中的相应内容。

表2-1　**购买商品需求认知表**

购买商品名称	购买时间	购买商品原打算满足的最重要需求

2. 要求

（1）每位同学独立完成上表内容的填写。

（2）上表内容填写完毕后，可征求周围2—3位同学意见，完善自己表格中相应内容。并把设计好的表格，上传到班级微信学习平台。

（3）老师选择3—5位同学在班级展示自己填写的内容，教师对同学们展示的内容进行点评。

任务2　了解消费者购买动机

学习目标

素质目标：通过本任务知识学习、导入案例和应用与实践学习，培养同学们能用正确的价值观、消费观与消费者沟通交流，在与消费者沟通中能自觉践行营销职业道德和营销礼仪。

知识目标：通过本任务知识学习能陈述购买动机、购买动机分类等陈述性知识。

能力目标：通过导入案例和应用与实践训练，培养同学们对购买动机进行分析的专业能力。

导入案例

八哥“营销”

在一家烟酒店门口每天都聚集了许多人，一只美丽的八哥鸟站在横木棒上，嘴里不停地叫“买火柴，一毛一盒”。顾客拿出一张一毛钱，八哥鸟用嘴衔着飞到柜台上放下钱，然后用嘴衔着一盒火柴又飞回来，把火柴送到顾客手里。人们被这只训练有素的小鸟吸引住了，纷纷掏出钱来买火柴，有的人为了满足自己的好奇心，一连买了 20 盒火柴。小店生意非常兴隆，名声很快传开，许多人跑了很远的路来买火柴。

问题：（1）这种做法利用了消费者什么样的购买动机？对你有何启发？（2）你还能举出其他的例子吗？

［**提示：**由此可见，好奇心可以极大地激起人们的购买欲望，并能有效地满足人们的某种需求，这一需求不仅是建立在物质的需求上，而是一种心理上的愉悦和美好情感的满足。可以想象，随着物质生活水平的不断提高，在精神生活日益丰富的条件下，好奇心将成为促销活动中最具潜力的活跃因素。］

任务学习

在上一个任务中，我们学习了消费者需求的相关内容，知道了消费者需求是购买行为的基本动力和源泉。同时消费者购买商品和服务还是有原因和动机的。研究消费者购买动机，就是要了解消费者为何购买，掌握消费者为何购买的规律，企业就可以采取相应对策，更好地激发消费者的购买动机，满足消费者需求。

消费心理学认为，消费者的购买行为都是有一定动机的，而动机又产生于消费者自身的内在需求。企业营销的目的就是在某种程度上影响消费者对企业及其提供的营销商品和服务的想法及行为。本任务主要学习什么是消费者购买动机，购买动机在满足消费需求，促成购买行为中的作用，以及购买动机的种类等内容，从而了解消费者购买行为背后真正的原因和动力。

一、消费者购买动机的概念和作用

（一）消费者购买动机

消费者购买动机，是指能够引起消费者购买某一商品或选择某一种服务的内在动力。

（二）消费者购买动机的作用

1. 购买动机激发消费者的购买行为

动机是激励人们行为的直接原因，是个体基于某种欲望所引起的心理冲动。在购买行为中，消费者购买动机是直接驱使消费者实施某项购买活动的一种内在动力，它反映了消费者在心理上、精神上和感情上的需要，是消费者为达到某些愿望采取购买行为的推动力。任何购买行为，都受一定的购买动机支配，甚至受多种动机共同支配。企业搞清楚顾客的购买动机，可以引发其购买行为。只有千方百计激发消费者的购买动机，才能使更多的消费者购买本企业所营销的商品。

2. 购买动机指引购买行为向着某一目标发展

消费者的购买动机具有指向性，它能使购买行为保持一定的方向和目的。在某种情况下，购买动机与目的具有完全的一致性。研究消费者为什么购买某种特定商品，而不购买其他类似的商品；研究消费者为什么愿意经常到某一类型或某一特定的商店购买。只有这样，才能掌握其中的规律性，并据此改善经营管理，不断提高服务质量。

3. 购买动机是维持、增加或制止、减弱购买行为的力量

消费者购买动机的性质与强弱程度必然影响到购买行为的效能。一个购买动机稳定而持久的消费者，其购买行为必然是积极而稳定的，能够克服困难、排除干扰去实现购买目标。企业要重视对消费者动机的研究，科学地分析影响消费者购买动机的各种因素，揭示对消费者购买行为具有决定性作用的真实动机，并采取有效的营销策略，维持和强化对企业和社会健康发展起积极作用的购买动机，制止和减弱无益于社会物质文明和精神文明建设的购买动机，从而达到企业营销的目的。

【学习互动】

“消费者没有购买动机就没有购买行为”，这句话对吗？

二、消费者购买动机的种类

（一）生理性购买动机

生理性购买动机，是由人类生理本能引起的购买动机。俗话说，饥思食，渴思饮，乏思止。为了保持和延续人的生命，人类都具有吃饭、穿衣、休息等生存本能。因而由这种生理本能需要所引起的购买动机，称生理性购买动机。主要包括：维持生命的动机、保持生命动机、延续生命动机、发展生命动机等。一般来讲，在生理性购买动机驱动下的购买行为，具有经常性，重复性等特点。

（二）心理性购买动机

由于人们的认知、感情和意志等心理活动而引起的动机，称心理性购买动机。它是消费者为了满足社交、娱乐、友谊和事业发展而产生的购买动机。又分为：

（1）感情动机。由人的情绪和情感而引发的购买动机。

（2）理智动机。消费者对商品作了认知和分析后，所产生的购买动机。它不受感情支配。

（3）信任动机（惠顾动机）。消费者基于感情和理智的经验，对某家商店或某个商品产生一种特殊的偏爱和信任。

【学习互动】

你在商品和服务消费过程中有惠顾动机的表现吗？说说你为什么会产生惠顾动机？

（三）个性购买动机

1. 求实动机

这是以注重商品的实际使用价值为主要特征的购买动机。这种购买动机主要决定于个人的价值观念和消费态度。

2. 求廉动机

这是以注重商品价格低廉为主要特征的购买动机。出于这种购买动机的消费者，选购商品时会对商品的价格进行仔细比较，在不同品牌或外观质量相似的同类商品中，会尽量选择价格较低的品种。但对于大多数消费者来说，以较少的支出获取较大的收益是一种带有普遍性的动机。

3. 求新动机

这是以追求新颖别致商品而产生的购买动机。这类消费者一般思想活跃、性格开朗，喜欢接受新事物，具有一定的购买力，敢于大胆尝试，引领潮流。

4. 求便动机

这是以追求便利为主要特征的购买动机。追求便利是现代消费者提高生活质量的重要内容。受这一动机的驱动，人们把购买目标指向可以减少家务劳动强度的各种商品和劳务，如洗衣机、洗碗机、家政服务等，以求最大限度地减轻家务劳动负担。为了方便购买，节约购买时间，越来越多的消费者采用送货上门、网络购物等现代购物方式。

5. 求美动机

这是以追求商品的美观、讲究商品的艺术价值或欣赏价值为主要目的的购买动机。追求美好事物是人类的天性。例如，通过款式色彩协调的服装搭配美化自我形象，选购家庭装饰用品美化居住环境，以及对美容、美发服务的消费等，都是求美动机的体现。

【学习互动】

“不管顾客需要什么，我的汽车就是黑色的”。请你从营销道德和营销伦理角度分析你对这种观点的想法。

6. 求安动机

这是出于安全性能和是否有益于身心健康而产生的购买动机。消费者不仅要求商品在使用过程中各种安全性能可靠（如家用电器不出现意外事故，化妆品不含有毒物质）而且刻意选购各种防卫保安性用品和服务，如汽车保险，医疗保险等。与此同时，追求健康的动机日益成为消费者的主导性动机，在这一动机的驱动下，选购营养品、健身产品已经成为现代消费者经常性的购买行为。

7. 同步动机

这是以保持与别人一致而产生的购买动机，也称模仿或从众动机。持模仿动机的消费者，其购买行为受他人影响比较大，希望同左邻右舍、亲戚同事在消费中保持一致水平。

微课：老年人的购买心理与营销策略

8. 嗜好动机

这是为满足某种特殊偏好而产生的购买动机。许多消费者由于生活习惯和业余爱好，而特别偏爱某一类商品，如集邮、摄影、花鸟鱼虫等。

9. 好奇动机

这是在好奇心的驱使下产生的购买动机。

应用与实践

【营销道德与营销伦理】

背景资料：

在某城市的公交车上播放频率最高的广告之一，便是碧生源肠润茶。该广告宣传能快速解决便秘、口臭、青春痘、色斑、皱纹增多等问题，同时广告中出现修复肠道内黏膜受损组织、恢复肠道正常功能等宣传其功效的字眼。同年二、三季度，碧生源肠润茶因虚假宣传保健功能，擅自篡改审批内容，被监管部门查处。

问题：依据背景资料，结合党的二十大报告中提出的我们要“弘扬诚信文化，健全诚信建设长效机制”，分析本案例中碧生源肠润茶广告宣传存在哪些营销道德和营销伦理问题？

讨论分析：

个人：结合已经学习的内容和收集的资料，试对上述案例中的问题作出你的营销道德和营销伦理研判，并说明你作出营销道德和营销伦理研判所依据的行业道德和伦理规范。

小组：同学们每四人分为一个小组进行讨论，一人记录，形成小组意见，准备在班级交流。

全班：各小组推选一位代表陈述本小组观点。

教师：记录各小组陈述要点，进行点评。

提示 2 - 2

【实践训练】

个人购买商品动机分析

1. 实践训练内容

（1）列出 3 件你最近购买的商品，描述每件商品购买的动机，并说明这些商品购买地点？

（2）填充表 2 - 2 中的相应内容。

表 2 - 2　　商品购买动机分析表

购买商品名称	购买时间	购买商品动机	购买地点	分析说明

2. 要求

（1）每位同学独立完成上表内容的填写。

(2) 上表内容填写完毕后，可征求周围2—3位同学意见，完善自己表格中相应内容。并把分析表上传到班级微信学习平台。

(3) 老师选择3—5位同学在班级展示自己填写的表格，说明填写分析说明，教师对几位同学展示的分析表进行点评。

任务3 熟悉消费者购买过程

学习目标

素质目标：通过本任务的知识学习、导入案例和应用与实践学习，培养同学们与消费者有效交流、分析消费者购买动机的职业核心素养。

知识目标：能了解影响消费者购买行为的主要因素，熟悉消费者购买决策的过程，了解消费者不同的购买类型等相关知识。

能力目标：通过导入案例和应用与实践训练，培养同学们在服务消费者的过程中与顾客沟通交流的能力，以及对消费者的购买行为进行分析的专业能力。

导入案例

购买行为类型分析

某夫妇携刚上小学的儿子上街，经过鞋城时，儿子要求购买在电视广告中经常出现的130元一双的“彪马”运动鞋，后经夫妇商量并说服儿子，买了一双35元的“四驱兄弟”运动鞋；某君周日去电器城购买彩电，原打算购买74厘米的长虹牌彩色电视机，但到卖场后，看到创维牌彩电正在搞活动，以优惠价出售，价格比长虹便宜380元，就临时改变了主意，购买了一台创维牌彩电。

问题：(1) 上述两种顾客的购买行为对你有什么启发？(2) 营销人员接待这两种类型的顾客时应注意什么？

[**提示：**消费者由于态度和购买要求以及经济状况的不同，在购买活动过程中可以分为不同的类型，不同类型的顾客会表现出不同的购买特征。准确判断消费者的类型，可以使市场营销人员合理地制定营销方案，加强销售过程中营销的针对性，从而有效地诱导购买行为的发生。]

任务学习

在学习消费者需求、消费者购买动机的基础上，我们要继续了解消费者的购买过程及购买行为。消费者购买过程是在购买动机的驱动下，按照一定程序发生的满足需求的心理与行为的活动过程。消费者往往不会有意识地想到什么促使他们作出决策和实施购买行为，但总是有很多因素在影响他们作出决策。不论是怎样的动机驱使，消费者的购买行为都包括一系列步骤，有时这些步骤不假思索地很快就完成了，有时则需要一个较长过程。

消费者的购买过程包含若干前后相继的程序或阶段，为了提高营销活动的针对性和有效性，营销者就要了解影响消费者购买行为的经济因素、社会因素、心理因素，消费者购买决策过程、消费者购买决策内容、消费者购买类型等相关知识。

一、影响消费者购买行为的主要因素

（一）经济因素

在市场经济条件下，经济因素是决定消费者购买行为的主要因素。一个人的收入状况、储蓄和财产状况、借贷能力等情况。决定着一个人的购买能力，并在很大程度上制约着个人的需求结构和购买行为。消费者的经济状况较好，就容易作出购买决定，新产品也容易推广，非生活必需品的消费量就比较大；经济状况较差，在支出方面就较为慎重，偏重于满足生活必需品的需要，选择商品时更注意经济性和实用性。此外，对开支和储蓄的态度也影响着个人的实际购买能力和购买行为。消费者对开支和储蓄的态度，不仅受收入水平、消费习惯和传统风尚的影响，而且受利率高低、物价稳定程度和商品供求状况等因素的影响。营销人员必须密切关注消费者个人收入、个人储蓄、银行利率等动向，以便根据实际情况及时调整营销策略。

（二）社会因素

1. 社会阶层

社会阶层是由具有相同或类似社会地位的社会成员组成的相对持久的群体。同一阶层的消费者在行为、态度和价值观等方面具有同质性，不同阶层的消费者在这些方面存在较大的差异。

2. 相关群体

群体是指具有共同目标或兴趣的两个或两个以上的人联结而成的人群。相关群体，指的是对一个人的态度和行为具有直接或间接影响的一群人。

与消费者密切相关的社会群体包括以下几个：

（1）家庭。家庭是社会的细胞，对个人的影响最大，人们的价值观、审美观、爱好和习惯等多半是在家庭的影响下形成的。

（2）朋友。朋友构成的群体是一种非正式群体，它对消费者的影响仅次于家庭。追求和维持与朋友的友谊，对大多数人来说是非常重要的。因为与朋友交往意味着个体与外部世界建立联系，同时也标志着个体开始摆脱家庭的单一影响。

（3）正式的社会群体。像业余摄影爱好者协会等组织均属于正式的社会群体。虽然正式群体内各成员不像家庭成员和朋友那么亲密，但彼此之间也有讨论和交流的机会。群体内那些受尊敬和仰慕的成员的消费行为，可能会被其他成员谈论或模仿。

（4）购物群体。为了消磨时间或为了购买某一具体的产品而一起上街的几位消费者，就构成了一个购物群体。购物群体内的成员，通常是有空余时间的家庭成员或朋友。人们一般喜欢邀请乐于参谋且对特定购买问题有知识和经验的人一起上街购物。与他人一起采购，不仅会降低购买决策的风险感，而且会增加购物过程的乐趣。在大家对所购产品均不熟悉的情况下，购物群体很容易形成，因为此时消费者可以依赖群体智慧，从而对购买决策更具信心。

（5）消费者行动群体。它可大致分为两种类型，一种是为纠正某个具体的有损消费者利益的行为或事件而成立的临时性团体，另一种是针对某些广泛的消费者问题而成立的相对持久的消费者组织。大多数消费者行动群体的目标是唤醒社会对有关消费者问题的关注，对有关企业施加压力和促使它们采取措施矫正那些损害消费者利益的行为。

（6）工作群体。工作群体也可以分为两种类型：一种是正式的工作群体，即由一个工作小组里的成员组成的群体，如同一个办公室里的同事，同一条生产线上的装配工人等等。另一种是非正式工作群体，即由在同一个单位但不一定在同一个工作小组里工作，且形成了较密切关系的一些朋友组成。由于在休息时间或下班时间，成员之间有较多的接触，所以非正式工作群体如同正式工作群体，会对所属成员的消费行为产生重要影响。

【学习互动】

请描述一下现在你在购买商品时哪一类群体的影响比较大？结合购买两种商品的体会说明。

3. 文化与亚文化

文化，一般是指人类在社会发展过程中所创造的物质财富和精神财富的总和。包括思想、道德、科学、哲学、艺术、价值观、审美观、风俗习惯等方面的内容。文化通过各种方式和途径向社会成员传输着社会规范和价值准则，影响着社会成员的行为模式，也强烈影响着消费者需求和购买行为。

所谓亚文化，是指某一文化群体所属次级群体的成员共有的独特信念、价值观和生活习惯。每一文化都包含着能为其成员提供更为具体的认同感和社会化的较小的亚文化。目前，营销学者普遍接受的是按民族、种族、地理划分亚文化的分类方法。这些不同的亚文化群，在风俗习惯、审美情趣、价值观念、行为准则、消费偏好、生活方式等方面又存在着一定的甚至很大的区别，从而影响着他们的消费需求与购买行为。

（三）心理因素

1. 动机

人们的行为是受动机支配的，而动机是由需求引起的。

2. 知觉

对事物各种属性的各个部分及其相互关系的综合反应称为知觉。任何消费者购买商品，都要通过自己的感官得到的印象，进行综合分析，才能决定是否购买。因此，一切产品和广告宣传，只有通过人的知觉，才能影响消费者的购买行为。

3. 学习

这里的学习是指人在生活过程中，因经验而产生的行为或行为潜能的比较持久的变化。消费者的需要和行为绝大部分是后天习得到的。通过学习，消费者获得了丰富的知识和经验，提高了对环境的适应能力。同时，在学习过程中，其行为也在不断地调整和改变。

二、消费者购买决策过程

消费者从产生购买愿望到购买行为的完成是由若干阶段所组成。典型的消费者购买决策过程一般可以分为五个阶段，如图2－1所示。

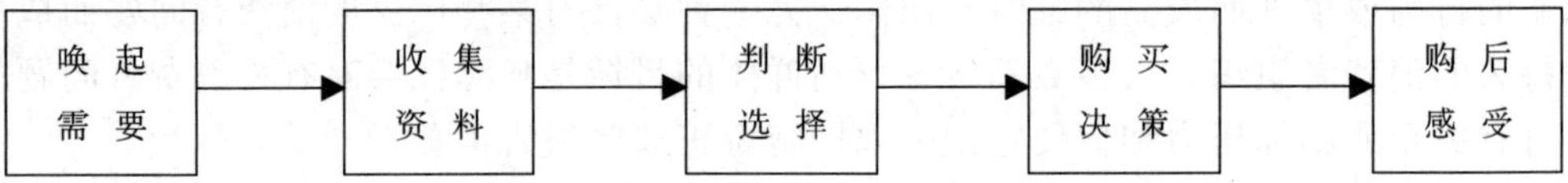

图2－1　购买决策过程五个阶段

【学习互动】

“我总是站在顾客的角度看待即将推出的产品或服务，因为我就是顾客”。请你从营销道德和营销伦理角度说说你对这段话的理解。

（一）唤起需要

需要是购买过程的起点。当消费者感到他有一种需要必须得到满足时，购买过程就开始了。需要可以由内在或外在的刺激引起，企业在市场营销活动中应注意唤起需要，如开展广告宣传等活动，以加深消费者对企业产品的印象。这样，可以通过合理、巧妙、恰当地诱引，在适当的时间、地点，以适当的方式唤起需要。

（二）收集资料

消费者认识到自己的消费需求之后，就会考虑“该买什么样的产品”“到哪里买”等问题。为了解决这些问题，就要收集情报资料，寻找商品信息，比较选择。消费者的资料信息来源主要有以下四个方面：

（1）个人来源，包括家庭成员、朋友、邻居及其他熟人提供的信息。

（2）市场来源，包括广告宣传、推销员、经销商、商品包装、展销会等各种市场信息提供的资料。

（3）社会来源，包括大众传媒、消费者评估组织等宣传、介绍的各种信息资料。

（4）经验来源，包括消费者从产品的操作、试验或实际使用中得到的经验。

在这个阶段，消费者的主要目标是寻找信息资料，因此企业的营销者一方面应该千方百计地告知购买者我有你要的产品，并针对购买者寻找信息的渠道，做好商品的广告宣传；另一方面，应当搞好商品陈列，主动介绍商品，讲究商品的包装，把消费者的注意力吸引到所需商品上来，促使消费者购买行为的发生。

（三）判断选择

消费者广泛收集资料后，将对所取得的信息资料加以整理、分析、研究、对比，并对所要购买的商品进行各方面的评价和判断，包括商品品质、质量、性能、式样、品牌、价格等方面，并与其他商品进行比较，以选定合适的商品，作出购买决定。

这个阶段是消费者决定购买的前奏，对买卖双方交易能否成功具有决定意义。因此，企业在这一阶段应当尽力为消费者提供方便条件，帮助消费者了解商品的性质、特点、价格、产地、保养和使用方法，销售人员应当热情介绍商品，当好顾客的参谋，帮助他们作出购买决定。

（四）购买决策

经过对商品的判断选择后就进入了购买决策阶段。消费者作出的购买决策一般有三种情况：一是决定购买；二是延期购买；三是决定不买。购买决策是消费者购买过程中关键的阶段。在这一阶段，企业一方面要向消费者提供更多、更详细的有关产品的情报资料，努力消除消费者的风险感觉；另一方面，要通过各种销售服务，如在收款、包装、送货、安装、维修等环节上方便消费者，促使消费者作出购买决策。

（五）购后感受

消费者购买商品以后，通过使用对自己的购买选择进行检查和反省，看其是否满足自己预期的需要。评价可以由消费者个人进行，也可以征求亲友、同事的意见，观察社会反映等。消费者的购后感受通常会有三种：满意、基本满意、不满意。如果卖主夸大其产品的优点，消费者将会感受到不能证实的期望，这种不能证实的期望会导致消费者的不满意感。当消费者感到十分不满意时，肯定不会再买这种产品，甚至有可能退货、劝阻他人购买这种产品。所以，消费者的购后感受将直接影响消费者作出是否继续或重复购买的决策。购后感到满意，消费者就会继续购买或扩大购买；反之则不再购买，企业就会失去顾客。因此，企业在这一阶段除了完善自己的产品、提高产品质量和性能外，还要加强售后服务，保持与顾客联系，提供配件供应、保证维修、允许产品调换等，努力培养企业的忠实顾客群。

【学习互动】

谈谈你是如何理解“最好的广告是满意的顾客”这句话的含义的？

三、消费者购买决策内容

消费者购买决策的内容，因人、因条件及所处环境不同而不同，但所有消费者购买决策都离不开以下六个方面的内容。

（一）购买什么

即确定购买对象。这是购买决策最基本的任务之一。对于消费者来说，决定购买什么不能只停留在一般产品类别上，必须要有明确具体的对象及具体的内容，包括商品的名称、品牌、款式、规格和价格等，如口渴，不能只决定买液体或固体，还要具体到买什么液体（如纯净水），什么品牌（如“娃哈哈”），哪个厂家生产的（如杭州娃哈哈集团有限公司生产的）。

（二）为何购买

即权衡购买动机。消费者的购买动机就是指推动消费者实现某种购买行为的一种内在动力，它反映了消费者对某种商品的需要。消费者的购买动机是多种多样的。

（三）何时购买

即确定购买时间。这也是购买决策的重要内容，它与主导购买动机的迫切性有关。在消费者的多种动机中，往往由需要强度高的动机来决定购买时间的先后缓急；同时，购买时间也和市场供应状况、营业时间、交通状况和消费者可供支配的闲暇时间有关。对于不同的商品，消费者进行购买的时间常常是不同的。有的商品要一周购买多次，有的一年才购买一次，有的甚至几年才购买一次。因此，企业在市场营销活动中应注意了解消费者购买商品的时间习惯和规律，以便适时满足消费需求。例如，季节性的购买，企业应掌握哪些月份、哪些日子、哪段时间购买的人数最多，并随时准备充足的商品货源供消费者选购。

（四）何地购买

即确定购买地点。分析消费者在何处购买要从两方面入手，即消费者在何处决定购买以及在何处实际购买。对于高档耐用品，消费者在购买前通常在家中作出决定，然后宁愿多花时间走远点，到繁华商业区或专卖店选购称心如意的产品；对于日用消费品和一般商品，消费者大多是在现场作出购买决定，并就近进行购买。所以，购买商品的地点往往与所购商品的类型、数量的多少、价格的高低、商店的远近、交通条件、商家的服务态度等有关。

（五）如何购买

即确定购买方式。是现场购买还是网络购物、是现金支付还是微信支付。消费者如何购买，不仅会影响市场营销活动的状态，而且会影响产品设计、价格政策，以及营销计划的制定和其他经营决策。因此，工商企业要认真加以研究。

（六）谁来购买

即购买角色。家庭成员在购买决策中通常扮演着不同角色，这些角色有发起者、影响者、决策者、购买者、使用者。就许多产品而言，识别购买者是相当容易的。一般来说，啤酒更多是男性的选择，化妆品则主要是女性的天地。然而，有许多产品所涉及的决策往往不是一个人能完成的。如家用汽车，也许购买新车的建议出自儿子或女儿，购买什么类型的汽车来自朋友的推荐，汽车的结构由丈夫选择，妻子则对汽车的外表有明确的要求。在妻子的赞同下，也许由丈夫作出购车的最终决定。不过，新车的最终使用者可能是妻子而不是丈夫。对承担购买任务的购买者进行分析，有利于企业有针对性地制定营销策略，因为这些角色对于设计产品、传递信息和安排促销是有关联意义的。

四、消费者购买行为的类型

（一）按消费者购买目标的确定程度分类

1. 全确定型

这类消费者在进入商店，发生购买行为之前，已有非常明确的购买目标，对所有购买的商品种类、品牌、价格、性能、规格、数量等均有具体要求，一旦商品符合需要，便毫不犹豫地买下。这类消费者不需要别人的介绍、帮助和提示，希望以最快的速度完成交易。但在实际营销活动中数量较少。

2. 半确定型

这类消费者在进入商店之前，已有大致的购买意向和目标，但是这一目标不很具体、明确。直到购买行为实际发生时。需经过对同类商品的反复比较、选择之后，才能确定购买的具体对象。这类消费者易受他人观点的影响，成交时间长，一般需要提示或介绍，营销人员可见机参谋以坚定其购买决心。他们在消费者中为数众多，应是服务的重点对象。

3. 不确定型

这类消费者在进入商店、发生购买行为之前，没有任何明确的购买目标。茶余饭后散步或路过都可能步入商店，漫无目的地浏览观光。所见某一商品、所闻某一商品信息，都可能引发消费者需要，唤起其购买欲望。一旦有了购买目标，消费者会马上激发购买行为，但有时也可能不买任何东西。能否激发购买行为，取决于商店的内外部环境及消费者心理状态。对于这类消费者，营销人员应主动热情地服务，尽量引起他们的购买兴趣。

（二）按消费者购买态度与要求分类

1. 习惯型

这类消费者一般依靠过去的购买经验和消费习惯采取购买行为，他们或长期惠顾某商店，或长期使用某品牌、商标的商品。环境变化、年龄增长等都不会改变这类消费者的购买习惯。他们在购买商品时，成交果断，不受时尚流行的影响，购买行为表现出很强的目的性。

2. 理智型

这类消费者善于观察、分析、比较。他们在购买前已经广泛收集所需要商品的信息，了解市场行情，并经过慎重权衡利弊之后才做出购买决定；购买时又表现得理智慎重，不受他人及广告宣传的影响；挑选商品仔细认真、很有耐心。在整个购买过程中保持高度的自主，并始终由理智来支配行动。

3. 经济型

这类消费者对商品的价格非常敏感。以价格高低评价商品优劣的消费者往往在价格和商品质量之间追求一种均衡。一部分认为价格高的商品质量高，价格越高越要买；另一部分消费者则对廉价商品感兴趣，只要价格低便认为合算，削价、优惠价、处理价的商品对这部分消费者具有极强的吸引力。

4. 冲动型

这类消费者对外界刺激敏感，心理反应活跃，在外界商品广告、销售人员、他人影响的刺激下，不去进行分析比较，以直观感觉为依据快速购买，新产品、时尚产品对他们的吸引力最大。

【学习互动】

对照以上购买行为特征，结合你最近购买某一商品说明是属于哪一种类型的购买行为？

应用与实践

【营销道德与营销伦理】

背景资料：

曾经风靡一时的胡师傅无烟锅，在广告中宣称自己使用了宇宙飞船所使用的锰钛合金和紫砂合金，能将锅体温度控制在油烟挥发的临界点240度以内，从而达到无油烟的效果。但实际上消费者购买该产品后，不仅有烟雾缭绕，还出现脱落现象，经查实该产品为铝合金制成，并未通过国家权威部门检测。其发明人胡某承认所谓的紫砂陶瓷合金，不过是自己空想出来的名称。

问题：本背景资料中存在哪些营销道德和营销伦理问题？

讨论分析：

个人：结合已经学习的内容和收集的资料，试对上述背景资料中的问题作出你的营销道德和营销伦理研判，并说明你作出营销道德和营销伦理研判所依据的行业道德和伦理规范。

小组：同学们每四人分为一个小组进行讨论，一人记录，形成小组意见，准备在班级交流。

全班：各小组推选一位代表陈述本小组观点。

教师：记录各小组陈述要点，进行点评。

提示 2－3

【实践训练】

个人购买过程分析

1. 实践训练内容

仔细想一想你最近所购买的商品（有一定价值的一件商品或一次服务），描述从你开始思考购买，到实际购买的全过程，并说明自己的购买体验，分析营销者应注意的问题。请填写表2－3。

表2－3　　购买过程分析表

购买过程	自己的购买行为	营销者应注意的问题
购买最初动机		
购买决策信息来源		
购买方案选择		
影响购买决策因素		
对自己购买决策评价		

2. 要求

（1）结合自己最近的一次购买行为，对照消费者购买决策过程进行对比分析，每个同学填写一份购买过程分析表。

（2）说明购买该商品的最初动机，你是从哪里找到可做决策的信息的，你考虑了多少种不同的选择？影响你最终决策的主要因素是什么？你是否满意自己的决策？

（3）把以上内容列出草稿，与本班两位以上同学交流，听取他们的意见。

（4）教师根据同学们完成分析表的情况，选3—5名同学在班级交流，可由同学现场点评。

思考与练习

1. 选择题

（1）（　　）是产生动机的基础，而动机引发和支配人们的行为。

A. 欲望　　B. 需要

C. 需求　　D. 行为

（2）一位消费者认为海尔家电好，质量可靠，价格合理，这种购买行为受（　　）影响。

A. 信念和态度　　B. 学习和经验

C. 社会阶层　　D. 生活方式

(3) 不同品牌的牙膏差异明显，消费者购买牙膏的行为最有可能属于（　　）。

A. 确定型购买　　B. 习惯型购买

C. 理智型购买　　D. 不确定型购买

(4) 消费者获取信息的来源主要有（　　）。

A. 社会来源　　B. 市场来源

C. 个人来源　　D. 网络来源

(5) 由于人们知、情、意等共性的心理活动而引起的动机包括（　　）。

A. 惠顾动机　　B. 求美动机

C. 理智动机　　D. 感情动机

(6) 消费者需求的特点是（　　）。

A. 市场比较集中　　B. 购买人数多而分散

C. 多数专家购买　　D. 伸缩性较小

(7) 王先生想购买一台计算机，在此在此之前他对计算机并不了解，他的这次购买行为属于（　　）。

A. 全确定型　　B. 理智型

C. 不确定型　　D. 半确定型

(8) 某食品公司生产的水果罐头，曾一度无人问津。为摆脱困境，老板遂思得一巧计——在罐头上印上谜语，并注明打开罐头吃完东西，谜底就在罐底。这一招竟使得销售量大增，产品也由滞销变为畅销，打开了市场。这利用了消费者（　　）。

A. 求新动机　　B. 好奇动机

C. 求便动机　　D. 好胜心动机

2. 判断题

(1) 对衣食住行等需求是每个人都需要的，因此所有人的需求都是大体相同的。（　　）

(2) 相关群体是人们的社会联系，而家庭是最重要的相关群体。（　　）

(3) 决定消费者是否重复购买的最重要阶段是购后感受阶段。（　　）

(4) 消费者需求是多种多样，因此他们的动机是也多种多样的。（　　）

(5) 需求是可以刺激的，因此企业的刺激越大，需求就越大。（　　）

(6) 一般而言，对家庭的财务贡献越大的家庭成员，在家庭购买决策中的发言权越大。（　　）

(7) 动机的形成必须以需求为基础，没有需求就没有动机，没有动机就没有行为。（　　）

项目二习题答案

项目三 PPT

项目三
市场细分与目标市场选择

任务 1 学习市场细分

学习目标

素质目标：通过本任务知识的学习、导入案例和应用与实践学习，培养同学们在市场细分过程中关注营销职业道德，关注健康消费、绿色消费、文明消费等营销伦理问题。

知识目标：通过本任务知识的学习，能陈述市场细分，市场细分的作用；市场细分的标准、条件等陈述性知识。

能力目标：通过本任务的导入案例和应用与实践训练，培养同学们对常见消费品能运用两个以上的细分标准对其进行市场细分的能力。

导入案例

老伴手机

某集团推出了一款专为老年人设计的手机——老伴手机，引起老年朋友的关注与青睐，成为手机市场中的亮点。老伴手机集手机和多项实用功能于一体，它专为老年朋友设计了五大基本功能——按键较大、显示字体大、屏幕大、声音大、震动大；六大特色功能——收音机、放大镜、手电筒、助听器和语音报时报号；更加特别的是两个特殊键——紧急呼叫键和子女亲情键，在老年人出现紧急情况时，只需按一个键就可联系到多个能给老人提供帮助的亲人或机构，全方位保障了老年人的安全需求。

老伴手机更是以其精致的礼品盒包装，旨在引导年轻人用这份可以和父母沟通的礼品向父母报养育之恩，尽一份孝道。

问题：某集团通过对手机市场进行细分，细分出老伴手机，这样的市场细分对你有什么启发？

[**提示**：某集团在对手机市场细分的基础上，细分出了老年用户这一细分市场，然后

根据老年人的需求设立产品功能。该集团集中精力瞄准给他们创造最好的价值，又有精心的包装设计，使老伴手机大为畅销，营销取得成功。市场机会是不断发展变化的，市场机会是永远给有心人准备的。善于分析市场、发现市场机会是每一个营销人员必须具备的基本能力。]

任务学习

在充满竞争的市场环境中，企业为了实现其特定目标，会利用所有资源，使尽浑身招数，尽力满足消费者的需求，而在现实中企业即使规模很大，也无法满足整体市场的消费者全部需求。因此，企业需要将某一产品的消费需求按不同的特征划分为若干个细分市场，然后选择其中某些特定群体作为自己的目标市场，并制定有针对性的目标市场战略，开展有效市场营销活动，这是每个企业必须要进行战略决策。

市场经济的发展，使许多企业认识到，企业不可能或至少不能以同一种方式吸引市场上所有的购买者。因为购买者实在太多，太分散，而且他们的需求和购买习惯也各不相同。每个企业在满足不同市场部分的能力方面也有巨大差异。因此，每个企业都必须找到它最有能力满足的市场部分，并把营销活动集中于该市场，而这首先就需要对市场进行细分。本任务我们就学习什么是市场细分，为什么要进行市场细分，市场细分有何标准、条件，细分方法有哪些，通过学习提升市场细分的职业能力。

一、市场细分的含义和作用

（一）市场细分的含义

所谓市场细分，就是根据消费需求的明显差异，把某一产品的市场整体划分为若干个顾客群体，每一个由需求特点相似的顾客组成的群体就构成一个细分市场。这个细分市场实质是由需求与欲望相同或相似的消费者组成的。具体从以下几个方面理解市场细分：

1. 市场细分的客观基础

市场细分的客观基础是顾客对同一产品需求的差异性（异质需求）。这些差异是客观存在的，它是由消费者所处的不同地理环境及千差万别的文化、社会、个人和心理特征的影响而形成的。市场上任何一项产品和服务，只要包含两个以上的消费者，这个市场就可以细分。而且只有市场经济发展到一定阶段，市场上商品供过于求，消费者需求多种多样，企业无法用大批量生产产品的方式或差异化产品策略有效地满足所有消费者需要的时候，细分市场的客观条件就具备了。

2. 市场细分的实质

市场细分的实质，是细分消费者，即辨别具有不同需求与欲望的消费者并加以分类的过程。大中求异，小中求同，即就大市场来讲，要找出消费需求的差异，根据这些差异可以把消费者细分为若干个不同的消费群体；就小市场来讲，每一个细分市场都是由需求、欲望、动机、购买行为等大体相同的消费者组成的。市场细分并不是一个单纯的分解过程，分解只是手段，聚合才是目的。

3. 市场细分的目的

市场细分的目的，在于认识消费者在需求、动机、购买行为等方面的差异性和共同性，以便选择适当的服务对象，确定为目标市场，制定最佳的营销策略。

【学习互动】

目前的汽车、服装市场的营销企业他们进行市场细分吗？说说你的看法？

（二）市场细分的作用

企业面对成千上万的消费者，他们的需求和欲望是千差万别并且分散于不同的地区。企业只能根据自身的优势条件，从事某方面的生产、营销活动，选择力所能及的、适合自己营销的目标市场。因此，市场细分对企业营销有以下几个方面的作用：

1. 有利于企业发掘新的市场机会，选择目标市场

寻找新的市场机会、开拓新的目标市场已越来越成为企业营销的重要任务。企业通过市场细分挖掘新的市场机会，市场细分后细分出的子市场，发现未被满足或未被充分满足的消费需求，从而发现新的市场机会，开展有针对性的营销，占领新的目标市场。

2. 有利于中小企业开拓市场，在大企业的夹缝中得求生存机会

市场细分对中小企业尤为适用。中小企业通过市场细分，从中找到适合自己的需求尚未得到满足的细分市场，拾遗补阙，采取与目标市场相对应的产品、价格、渠道、促销等营销策略，从而获得良好的发展机会。

3. 有利于企业制定和调整营销战略与策略

通过市场细分，企业一方面分析目标市场上竞争对手的战略与策略，发现对手的不足，做到“知己知彼”，取得局部的竞争优势；另一方面，面对一个或少数几个子市场，可以及时地捕捉信息，并根据需求的变化及时调整市场营销策略，这样可以使营销更具针对性、更加及时有效。

4. 有利于企业合理配置和运用资源

企业根据市场细分确定目标市场，扬长避短，集中使用有限的人力、物力、财力于少数一个或几个细分市场上，可避免分散使用资源，取得事半功倍的效果，获得比较大的经济效益。

【学习互动】

“全球各地都是我们企业的市场，所有人都是我们的用户和潜在用户”，此话听起来很有企业家气魄，你对这样的观点有何看法？

二、市场细分的标准、条件和方法

（一）消费者市场的细分标准

由于市场细分是建立在消费需求差异性的基础上，因此凡是使消费需求产生差异的因素，都可以作为市场细分的标准。消费者市场细分的标准主要有四类：

1. 地理因素

按地理因素细分市场，就是依据消费者所处的地理位置、自然环境来细分市场，比如，根据国家、地区、城市规模、气候、人口密度、地形地貌等方面的差异，将整体市场分为不同的小市场。

地理因素之所以作为市场细分的依据，是因为处在不同地理环境下的消费者对于同一类产品往往有不同的需求与偏好，他们对企业采取的营销策略会有不同的反应。例如，由于居住环境的差异，城市消费者与农村消费者在室内装饰用品的需求上就有差异。

地理变量易于识别，即使是处于同一地理位置的消费者需求仍会有很大差异。比如，在北京、上海，流动人口逾百万，这些流动人口本身就构成一个很大的市场，很显然，这一市场有许多不同于常住人口市场的需求特点。所以，简单地以某一地理特征区分市场，不一定能真实地反映消费者的需求共性与差异，企业在选择目标市场时，还需结合其他细分变量予以综合考虑。

2. 人口因素

按人口因素细分市场，就是按照消费者的年龄、性别、家庭人数、家庭生命周期、收入、职业、教育和种族等因素进行市场细分。由于人口因素易于统计，而且消费者对商品的需求，常常与人口因素密切相关，因此是企业进行市场细分的常用标准。

（1）性别。由于生理上的差别，男性与女性在产品需求与偏好上有很大不同，许多产品和服务如服装、美容美发、化妆品、杂志、香烟等，都以性别来细分市场。像一些汽车制造商，过去一直是迎合男性要求设计汽车，现在，随着越来越多的女性参加工作和拥有自己的汽车，这些汽车制造商正研究市场机会，设计具有吸引女性消费者特点的汽车。

（2）年龄。不同年龄的消费者有不同的需求特点，如青年人对服饰的需求与老年人的需求差异较大，青年人需要鲜艳、时髦的服装，老年人需要端庄素雅宽松的服饰。如儿童对玩具，少儿读物的需求量最多；青年对服装、文化体育用品的需求量较多；老年人对营养保健品和医疗物品的需求量最多。

（3）收入。高收入消费者与低收入消费者在产品选择、休闲时间的安排、社会交际与交往等方面也会有所不同。比如，同是外出旅游，在交通工具以及食宿地点的选择上会有很大的不同。正因为收入是引起需求差别的一个直接而重要的因素，在诸如服装、化妆品、旅游服务等领域根据收入细分市场比较普遍。

（4）职业与教育。指按消费者职业的不同，所受教育的不同以及由此引起的需求差别细分市场。如由于消费者所受教育水平的差异引起审美观的差异，如受教育的不同、职业不同的消费者对居室装修用品的品种、颜色等会有不同的偏好等。

（5）家庭生命周期。一个家庭，按年龄、婚姻和子女状况，可划分为不同的阶段。在不同阶段，家庭购买力、家庭人员对商品的兴趣与偏好会有较大差别，据此可进行细分。

【学习互动】

“营销是没有专家的，唯一的专家是用户，就是你只要能打动用户就行了”。请你从营销道德和营销伦理角度说说你对这种观点的理解。

3. 心理因素

按心理因素细分市场，就是根据消费者的生活方式、社会阶层、个性、心理动机等对市场进行细分。

（1）生活方式。生活方式是指一个人具体怎样生活。人们追求的生活方式各不相同，如有的追求新潮时髦，有的追求恬静简朴，有的追求刺激冒险，有的追求稳定安逸。一些服装生产企业，为“简朴的妇女”“时髦的妇女”和“有男子气的妇女”分别设计不同服装就是依据生活方式细分市场。

（2）社会阶层。处于同一阶层的成员具有类似的价值观、兴趣爱好和行为方式，不同阶层的成员则在上述方面存在较大的差异。很显然，识别不同社会阶层的消费者所具有的不同特点，是很多产品市场细分的提供重要的依据。

（3）个性。个性是指一个人比较稳定的心理倾向与心理特征，每个人的个性都会有所不同。通常，个性会通过自信、自主、支配、顺从、保守、适应等性格特征表现出来。因此，可以按这些个体性格特征进行分类，从而为企业细分市场提供依据。对化妆品、香烟、啤酒，保险等产品，有些企业就是以个性特征为基础进行市场细分并取得了成功。

4. 行为因素

按行为因素细分市场，就是依据消费者购买商品的时机、追求利益、购买频率、使用情况、对商品与品牌的了解、态度等来对市场进行细分。行为因素能更直接地反映消费者的需求差异，因而成为市场细分的最佳起点。按行为因素细分市场主要包括：

（1）购买时机。根据消费者提出需要、购买和使用产品的不同时机，将他们划分成不同的群体。例如，城市公共汽车运输公司可根据上班高峰时期和非高峰时期乘客的需求特点划分不同的细分市场并制定不同的营销策略；生产果珍之类清凉解暑饮料的企业，可以根据消费者在一年四季对果珍饮料口味的不同，将果珍市场消费者划分为不同的子市场；

（2）追求利益。消费者购买某种产品总是为了解决某类问题，满足某种需要。然而，产品提供的利益往往并不是单一的，而是多方面的。消费者对这些利益的追求时有侧重，如牙膏这种产品，有的消费者追求的是经济实惠、有的消费者追求的是防治牙病、有的消费者追求的是洁齿美白等，这就要求牙膏生产厂家根据这些标准对市场细分，提供针对性的商品。

（3）使用者状况。根据顾客是否使用和使用程度细分市场。通常可分为：经常购买者；首次购买者；潜在购买者；非购买者。大公司往往注重将潜在使用者变为实际使用者，较小的公司则注重于保持现有使用者，并设法吸引使用竞争产品的顾客转而使用本公司产品；

（4）使用数量。根据消费者使用某一产品的数量大小细分市场。通常可分为大量使用者、中量使用者和少量使用者。

（5）品牌忠诚程度。企业还可根据消费者对产品的忠诚程度细分市场。有些消费者经常变换品牌，另外一些消费者则在较长时期内专注于某一或少数几个品牌。通过了解消费者品牌忠诚情况和品牌忠诚者与品牌转换者的各种行为与心理特征，不仅可为企业细分市场提供一个基础，同时也有助于企业了解为什么有些消费者忠诚本企业产品，而另外一些消费者则忠诚于竞争企业的产品，从而为企业选择目标市场提供启示。

（二）有效市场细分的条件

对于不同的行业、不同类型的企业来说，实行市场细分必须具备一定的条件。一般地说，有效市场细分应具备这样几个条件：

1. 差异性

差异性指某种产品整体市场中确实存在着购买与消费上的明显差异性，完全有细分的必要或某一因素足以成为细分依据。例如，服装就有必要按照年龄、性别来细分市场，而大米、食盐就没有必要按年龄、性别来细分市场。

2. 可衡量性

可衡量性指细分市场的规模和购买力是可以估测衡量的，既有明显的区别，又有合理的范围。有些细分变量令人捉摸不定，如具有“依赖心理”的青年人，在实际中是很难测量的，以此为依据细分市场就不一定有意义。

3. 可进入性

可进入性指细分出来的市场应是企业营销活动能够抵达的，是企业通过努力能够使产品进入并对顾客施加影响的市场。一方面，有关产品的信息能够通过一定媒体顺利传递给该市场的大多数消费者；另一方面，企业在一定时期内有可能将产品通过一定的分销渠道运送到该市场。否则，该细分市场的价值就不大。

4. 可盈利性

可盈利性即细分出来的市场，其容量或规模要大到足以使企业获利。进行市场细分时，企业必须考虑细分市场上顾客的数量，以及他们的购买能力和购买产品的频率。如果细分市场的规模过小，市场容量太小，成本耗费大，获利小，就不值得去细分。如汽车公司专门为身高 1.5 米以下的人群设计一种汽车，这样就得不偿失。

5. 稳定性

稳定性指所划定的细分市场，必须具有相对的稳定性，以保证企业有足够的时间组织实施营销、进入市场、获得盈利。否则，如果市场变化太快，变动幅度又很大，企业还没有来得及实施其营销方案，目标市场已面目全非了，这样的市场细分也就毫无意义。

【学习互动】

一个普通的北方大学餐馆，如果专门开设一个湘菜馆，满足少数师生酷爱湘菜的需求，可行吗？说明理由。

（三）市场细分的方法

微课：小米智能家居市场细分

1. 单一因素细分法

根据市场主体的某一因素进行细分，如按收入的高低来划分服装市场，以年龄来划分玩具市场等。这种划分比较简单易行。但是消费者或用户的需求很少只受单一因素的影响。

2. 系列因素细分法

为了使细分市场更有效，更切合实际，往往需要使用多种因素为标准，利用多因素组合来进行市场细分，由粗到细。例如，对服装市场进行细分，就可以利用与服装最密切的地区、性别、年龄、个人收入等因素划分，如图3－1所示。

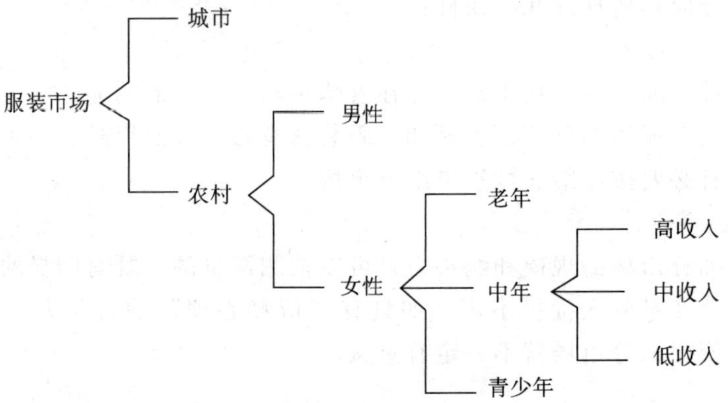

图3－1　系列因素细分示意图

3. 主导因素排列法

当一个细分市场的选择存在多个因素时，可以从消费者的特征中寻找和确定主导因素，然后与其他因素有机结合，确定细分目标市场，这种方法叫作主导因素排列法，以青年服装市场为例，职业与收入通常是影响服装选择的主导因素，文化、气候则居于从属地位，因此应以职业、收入作为细分青年服装生产的主导依据。

4. 综合因素法

即用影响消费需求的两种以上的因素为标准，从多个方面对市场进行细分，该方法的核心是并列多因素进行分析，所涉及的各项因素无先后顺序和重要与否的区别。例如，同时用收入水平、年龄、职业三个因素将女性服装的消费者划分为许多具有不同需求特点的细分市场。

【学习互动】

某化妆品的经营者将18—45岁的城市中青年妇女确定为目标市场，运用了几个细分变量？

应用与实践

【营销道德与营销伦理】

背景资料：

东北某大米加工厂为了促进大米的销售，对大米市场进行了调查。该企业调查的结果是，东北地区土壤好，生产的大米都是高品质的，深受国内消费者的好评，而由于农村在收获之后就自己留足够一年吃的大米，所以我们的大米主要针对的人群是29%的城镇人口。

我们针对8～16岁、17～25岁、26～40岁三类人群调查，调查发现，8～16岁、17～25岁的人群不适合我们的大米销售，他们多数是青少年儿童、在校大学生，而26～

40 岁的人群是我们大米的主要销售对象，因为他们是家庭中的经济支柱，对大米的色泽、等级、品种看重，特别是对等级和品种最为关注。

通过对收入的调查发现，个人收入 5000 元以上的人群对口味最为看重，不是我们低档大米的销售对象。个人收入 3000～5000 元的人群对大米的各个方面要求都比较平均，我们如果在大米的色泽、等级、产地、价格四个方面做一些调整，应该能争取部分消费者。我们可以在当地大米收获季节，向农民就地收购，能解决大米的色泽、等级、产地问题，而且深得消费者喜爱；在价格方面我们应该提高一些，努力稳定这部分人群，使他们成为我们的潜在消费者，如在一些小型的超市销售我们的大米。针对个人收入 1500～3000 元的人群，现在的价格可以再降一些，做好包装，写明产地、品种，做一些大米简单加工就能满足这部分人的需要。收入在 1000 元左右的人群，是我们低档大米的主要销售对象，只要我们价格低就能卖得好，他们不在乎色泽、品牌、产地等，我们的大米应该在菜市场销售。

在我们针对性别的调查中，得出女性消费者对色泽、产地、价格最看重；男性消费者对品种、品牌、味道最看重。综合两者需求，我们应该提升口味，将价格提到中等，做一些好的包装，在一些小型超市销售。

针对职业的调查中，个体工商户需要高品质大米，所以不是我们的购买人群；农民由于自产自足，也不是我们的购买人群；学生由于在学校食堂吃饭，是我们大米的第二大消费人群。只要我们和学校的食堂建立了良好的供应关系，学生应该是一个不错的消费人群。教师、公务员是我们的主要销售对象，要做好质量、价格、包装、色泽等方面的工作，才能在消费人群中站稳脚跟，而且要设计精美的包装，进行大米的深加工，在超市和集市上销售。

问题：本背景资料中企业在细分大米市场时存在哪些营销道德和营销伦理问题？

讨论分析：

个人：结合已经学习的内容和收集的资料，试对上述背景资料中的问题作出你的营销道德和营销伦理研判，并说明你作出营销道德和营销伦理研判所依据的行业道德和伦理规范。

小组：同学们每四人分为一个小组进行讨论，一人记录，形成小组意见，准备在班级交流。

全班：各小组推选一位代表陈述本小组观点。

教师：记录各小组陈述要点，进行点评。

提示 3－1

【实践训练】

1. 实践训练内容

空调、自行车、方便面是你比较熟悉的几种产品，请走访经营该产品的市场营销人员，选择某一品牌并查找有关资料，根据市场细分的标准和变量，对其进行细分，见表 3－1。

表 3－1　企业产品市场细分分析表

产品	调查分析的企业	企业对该产品市场细分选择的标准和变量	市场情况分析说明和你的评价
空调			
自行车			
方便面			

2. 要求

（1）每6位同学一组，两个同学负责一种产品进行市场细分分析。

（2）通过图书、资料、网络等，查找相关资料。

（3）实地走访2家经营该产品的企业和营销人员，了解该产品目前市场上的种类、产品功能，面对的消费群体、满足的主要需求等方面的信息。

（4）填写企业市场细分分析表要求的内容。

（5）老师选3—5份企业市场细分分析表在班级交流，其他同学们可以发表意见，最后老师作点评。

任务2　了解目标市场选择

学习目标

素质目标：通过本任务知识的学习、导入案例和应用与实践学习，培养同学们在选择目标市场过程中关注营销职业道德和相关法律、法规，培养遵纪守法的意识。

知识目标：通过本任务知识的学习，能正确陈述目标市场、目标市场选择的条件和模式、目标市场营销策略、目标市场策略选择应考虑的因素等陈述性知识。

能力目标：通过本任务的导入案例和应用与实践训练，培养同学们能结合中小型企业实际，运用目标市场策略等相关知识分析和选择目标市场的职业能力。

导入案例

选准目标市场

某化妆品公司是一家集科研、生产、贸易为一体的独资化妆品公司。该公司已成功拥有“伯芙曼”“欧玛莉”“欧米娃”三大品牌，产品以高中档为主。“伯芙曼”化妆品拥有护肤、洗发护发、彩妆三大类产品共264个单品，其中护肤类包括156个单品；“欧玛莉”化妆品拥有全天候保湿系列、美白精华系列、活肤防皱系列、除痘去疤系列、维生素护肤系列、粉底系列、眼部护理系列等产品，共计51个单品，它主要面对广大白领女士市场；“欧米娃”化妆品拥有沐浴系列、洗发系列、护肤系列、呵护系列等30多个单品，主要面对婴幼儿宝宝市场。

问题：（1）案例中该企业选择目标市场的策略成功吗？请分析原因。（2）谈谈本案例对你的启发。

讨论分析：

个人：每位同学根据案例资料和问题，在固定的学习本上记下自己的思考。

小组：每4人为一个小组，1人为组长，1人记录，大家陈述自己的观点，讨论形成本小组意见，准备在班级交流。

全班：每组选一位代表，陈述本组观点。

教师：简单记录各组陈述要点，最后做点评。

[**提示：**在竞争激烈的市场上，很多产品和服务都在和其他类似品牌竞争，企业必须找到本产品与其他品牌产品的不同之处，从而使消费者更值得购买。该公司根据消费者和竞争对手的信息，开发了针对普通消费者、白领女士、婴幼儿宝宝市场的护肤、沐浴、洗发等系列产品，针对不同的细分市场，提供不同的产品，使每一个市场都有良好的营销机会和发展潜力。运用这种选择性专业化策略，既有利于利用各种市场机会，又分散了企业的经营风险。每一个企业都有自己独特的资源，把企业资源和市场机会有效地结合，就形成了企业独特的经营实力或市场竞争力。每个企业都应在市场上努力创造自己独特的竞争力。]

任务学习

市场细分就是发现企业所面临的市场营销机会。由于条件的制约，企业不可能去满足所有的细分市场，实践中企业只能结合自己的实际情况，权衡比较各细分市场的利弊，选择具有可行性市场，作为自己的目标市场，并结合企业的条件选择相应的目标市场营销策略。

在学习市场细分的基础上，要根据目标市场应具备的条件，根据目标市场的选择模式，确定目标市场，制定目标市场营销策略。本任务就是要学习目标市场，对目标市场评估，如何选择目标市场，确定目标市场营销策略。通过这些基本内容的学习，培养同学们分析市场和选择目标市场的职业能力。

一、确定目标市场

所谓目标市场，就是指在市场细分的基础上，企业决定要服务的最佳细分市场，即企业的产品和劳务所要满足的特定消费者群。

【学习互动】

“企业存在和发展的根本理由是企业对整个社会的贡献，而不是追求利润；当然，企业在对社会作出贡献的过程中也会得到应有的回报，但这只是一种结果。企业的活动会影响到国家、社会和全人类的繁荣和福利，企业应在创造新的财富、促进社会发展的基础上确立自身的价值，并在不断满足社会需要的过程中提升自己的价值”。请你从营销伦理和职业道德角度说说你对这段话的理解。

（一）目标市场的评估

企业在对整体市场进行细分之后，要对各细分市场进行评估，然后根据细分市场的规模、发展潜力、竞争状况及吸引力、本企业资源条件等多种因素，决定把哪一个或哪几个细分市场作为目标市场。一般而言，企业考虑进入的目标市场，应符合以下条件：

1. 有适当的规模

企业进入某一市场是期望能够获得一定的利润，如果市场规模狭小或者趋于萎缩状态，企业进入后难以获得发展，此时，应审慎考虑，不宜轻易进入。当然适当的规模是一个相对的概念，大企业可以偏好销售量很大的细分市场，小企业由于竞争实力较弱，可以避开较大规模的细分市场。

2. 有一定的发展潜力

有的市场现在虽然规模不大，但未来可能会迅速增长，或预计会有所增长，这样的细分市场值得去经营。当然，企业也不宜以市场吸引力作为唯一取舍，如果大家共同争夺同一个顾客群的结果是，造成过度竞争和社会资源的无端浪费，同时使消费者的一些本应得到满足的需求遭受冷落和忽视。

3. 有足够的吸引力

企业选择目标市场不仅要求有较大的潜在需求，而且还要了解竞争对手是否完全控制了市场。应尽量选择那些竞争相对较少，竞争对手比较弱，有足够吸引力的市场作为目标市场。如果竞争已经十分激烈，而且竞争对手势力强劲，企业进入后付出的代价就会十分昂贵。

4. 符合企业目标和资源

某些细分市场虽然有较大吸引力，但不能推动企业实现发展目标，甚至分散企业的精力，使之无法完成其主要目标，这样的市场应考虑放弃。另外，还应考虑企业的资源条件是否适合在某一细分市场经营。只有选择那些企业有条件进入、能充分发挥其资源优势的市场作为目标市场，企业才会立于不败之地。

二、目标市场策略及选择

（一）目标市场营销策略的类型

在市场营销中，由于企业选择的目标市场不同，其营销策略也不同。一般有以下三种策略可供选择：

1. 无差异性市场营销策略

无差异性营销策略是指企业将产品的整个市场视为一个目标市场，用单一的营销策略开拓市场，即用一种产品和一套营销方案吸引尽可能多的消费者。无差异营销策略只考虑消费者或用户在需求上的共同点，而不关心他们在需求上的差异性。

该策略的优点：一是成本的经济性；二是取得规模效益。因为产品营销方式单一，同时进行大量生产和经营，节省了生产和经营费用，降低了销售成本，提高了利润率，从而实现了规模效益。这种策略对于需求广泛、市场同质性高且能大量生产、大量销售的产品比较合适。

该策略的缺点：满足不了消费者的多样化需求，企业产品单一，风险较大，应变能力差。如果许多企业同时在一个市场上实行无差别营销策略，竞争必然激化，企业获利的机会反而下降。同时以一种产品和一种方式营销，想要得到不同层次、不同类型的所有顾客的满意，也是不可能的。

对于大多数产品，无差异市场营销策略并不一定合适。首先，消费者需求客观上千差万别并不断变化，一种产品长期为所有消费者和用户所接受非常罕见。其次，当众多企业如法炮制，都采用这一策略时，会造成市场竞争异常激烈，同时在一些小的细分市场上消费者需求得不到满足，这对企业和消费者都是不利的。最后，易于受到竞争企业的攻击。当其他企业针对不同细分市场提供更有特色的产品和服务时，采用无差异策略的企业可能会发现自己的市场正在不断丢失。

2. 差异性市场营销策略

差异性市场营销策略是将整体市场划分为若干细分市场，针对每一细分市场分别设计不同的产品和营销方案。比如，服装生产企业针对不同性别、不同收入水平的消费者推出不同品牌、不同价格的产品，并采用不同的广告主题来宣传这些产品，就是采用的差异性营销策略。

该策略的优点是：小批量、多品种，生产机动灵活、针对性强，使消费者需求更好地得到满足，由此促进产品销售。另外，由于企业是在多个细分市场上营销，一定程度上可以减少营销风险；一旦企业在几个细分市场上获得成功，有助于提高企业的形象及提高市场占有率。

该策略的不足之处主要体现在两个方面：一是销售费用、成本增加，营销活动复杂化。由于产品品种多，管理和存货成本将增加；二是可能使企业的资源配置不能有效集中，顾此失彼，甚至在企业内部出现彼此争夺资源的现象，使拳头产品难以形成优势。所以，必须限制在一定的范围内，即销售额的扩大所带来的利益必须超过营销总成本和费用的增加，这就要求企业既不能选错目标市场，同时也不宜卷入过多的目标市场。另外，采用这种策略受企业资源和能力的制约较大，拥有雄厚的财力、较强的技术力量、素质较高的营销人员，是实施差异营销策略的必要条件。这也是相当多的企业尤其是小型企业无力采取这种策略的原因所在。

3. 集中性市场营销策略

集中性营销策略是企业选择一个或几个子市场作为目标市场，集中力量争取在这些子市场上占有大份额。实行这一策略，企业不是追求在一个大市场上获取一个较小的份额，而是力求在一个或几个较小的子市场上占有较大份额。集中力量生产经营某些有特色的产品、“拳头”产品、新产品等，全力以赴占领选定的目标市场。

该策略的优点：可以节省市场营销费用，增加盈利，而且还有利于提高产品与企业的知名度，必要时可迅速扩大市场，从而巩固企业的市场地位，提高竞争能力。这一策略特别适合于资源力量有限的中小企业。中小企业由于受财力、技术等方面因素制约，在整体市场可能无力与大企业抗衡，但如果集中资源优势在大企业尚未顾及或尚未建立绝对优势的某个或某几个细分市场进行竞争，成功可能性更大。如只生产小汽车的汽车制造厂，只生产女装的服装厂等。

该策略的缺点：一是市场区域相对较小，企业发展受到限制；二是缺乏多样性，潜伏着较大的经营风险，一旦目标市场突然发生变化，如消费者需求发生变化，或强大竞争对手的进入，或新的更有吸引力的替代产品的出现，都可能使企业因没有回旋余地而陷入困境。

【学习互动】

对中小企业来说，如果运用无差异性和集中性市场营销策略，在实施的过程中，哪一个风险会更大？

（二）目标市场营销策略的选择

上述三种目标市场策略各有其优缺点，企业到底应采取哪一种策略，应综合考虑企业、产品和市场等多方面因素来决定。

1. 企业资源或实力

当企业生产、技术、营销、财务等方面实力很强时，可以考虑采用差异性或无差异市场营销策略；资源有限，实力不强时，采用集中性营销策略效果可能更好。

2. 产品的同质性

指在消费者眼里，不同企业生产的产品的相似程度。相似程度高，则同质性高，反之，则同质性低。对于哪些产品因产地和生产企业的不同会有些品质差别，但消费者可能并不十分看重，此时，竞争将主要集中在价格上。这样的产品适合采用无差异营销策略。对于服装、化妆品、家用汽车等产品，由于在型号、式样 、规格等方面存在较大差别，产品选择性强，同质性较低，因而更适合于采用差异性或集中性营销策略。

3. 市场同质性

指各细分市场顾客需求、购买行为等方面的相似程度。市场同质性高，意味着各细分市场相似程度高，不同顾客对同一营销方案的反应大致相同，此时，企业可考虑采取无差异营销策略。反之，若消费者之间的特性相差很大，则企业应在细分市场后，采用差异性或集中性营销策略。

4. 产品所处生命周期的不同阶段

产品处于投入期，同类竞争品不多，竞争不激烈，企业可采用无差异营销策略，也可以采用集中营销策略，先占领一个市场，再等待机会扩展。当产品进入成长期或成熟期，同类产品增多，竞争日益激烈，为确立竞争优势，企业可考虑采用差异性营销策略，以满足不同消费者的需求。当产品步入衰退期，企业要收缩市场，可考虑采用集中性营销策略。

5. 竞争者采用的目标市场营销策略

企业选择目标市场策略时，一定要充分考虑竞争者尤其是主要竞争对手的营销策略。如果竞争对手采用了差异营销策略，抢先向市场的深度进军，占领更深层次的细分市场，企业就应采用集中营销策略；如果竞争对手十分强大而且已经采用了无差异营销策略或集中营销策略，企业则应进行更有效的市场细分，实行差异营销策略或集中营销策略。

应用与实践

【营销道德与营销伦理】

背景资料：

“银发一族”最易陷入的一个骗局——销售“保健品”

我们在一些居民小区里，会见到一伙人利用一些小饭店早晨不营业的空档，在神神秘秘地搞培训活动。这伙人往往瞄准老年人渴望健康而又缺乏保健常识的心理，通过赠送鸡蛋、米面等小礼品，陪伴聊天解闷等方式假装对老年人表示关心，在取得老年人的信任后，开始推荐产品，打着祛病强身、偏方有奇效等幌子夸大“保健品“的功效，诱骗老年人购买价格虚高的保健品或假冒伪劣产品。

问题：本背景资料中存在哪些营销道德和营销伦理问题？

讨论分析：

个人：结合已经学习的内容和收集的资料，试对上述背景资料中的问题作出你的营销道德和营销伦理研判，并说明你作出营销道德和营销伦理研判所依据的行业道德和伦理规范。

小组：同学们每四人分为一个小组进行讨论，一人记录，形成小组意见，准备在班级交流。

全班：各小组推选一位代表陈述本小组观点。

教师：记录各小组陈述要点，进行点评。

提示 3－2

【实践训练】

分析产品目标市场及营销策略

1. 实践训练内容

分析下列产品的目标市场及应采取的营销策略，见表 3－2 和表 3－3。

表 3－2　　部分商品明细表

序号	商品名称	商品规格
1	百事可乐	600ml
2	统一冰红茶	500ml
3	康师傅矿物质水	550ml
4	乐百氏矿泉水	550ml
5	纯果乐鲜果粒	420ml
6	农夫山泉	550ml
7	统一鲜橙多	450ml
8	美之源果粒橙	450ml
9	大大泡泡糖	——
10	真知棒棒糖	——

表 3－3　　小组对所选产品目标市场及采取的营销策略分析

序号	商品名称	商品规格	目标市场	企业采取的营销策略

2. 要求

（1）把全班同学分为 10 组，每组负责一种产品，分析该产品的目标市场及采取的营销策略（产品可自选也可由老师指定）。

（2）通过图书馆、网络等搜集相关产品的信息，认真了解该产品的功能、成分、使用方便性，产品的包装、产品的目标市场，目前该产品采取的营销策略等。

（3）实地走访，通过到市场上认真观察和调研，从消费者和营销人员两个方面了解该产品主要的购买对象、购买时间、购买方式、购买用途、现场产品陈列方式、促销方式等详细内容，总结分析该产品选择的目标市场以及运用的营销策略，填写分析表。并把填写好的分析表上传到班级微信平台。

（4）老师推荐其中三种产品的调查分析成果在班级交流，并进行点评。

任务3　掌握市场定位策略

学习目标

素质目标：通过本任务知识的学习、导入案例和应用与实践学习，培养同学们关注企业在产品市场定位中绿色、安全、健康、使用便捷性的意识。

知识目标：通过本任务知识的学习，能正确陈述市场定位、市场定位的依据、市场定位的策略及市场定位的步骤等陈述性知识。

能力目标：通过本任务的导入案例和应用与实践训练，培养同学们对市场上的新产品，能运用市场定位相关知识准确理解企业定位策略的职业能力。

导入案例

互联网对电视的冲击

当电视机问世的时候，很多人认为收音机要退出市场了，因为在此之前，家人通常会在晚上齐聚在一起收听广播节目。然而，收音机受到电视机的影响后，它开始传送现场直播节目，更多地关注音乐、新闻和报道。

类似地，我们也能预测互联网的引入会产生永久的影响。通过网络电视，我们能够选择自己想要的电视节目，甚至可以随时随地观看任何自己想看的。只要点一下鼠标，戏剧、演出、电影、音乐可以随时下载和观看。和收音机一样，电视不会消失，但是会和我们今天看到的电视有很大的不同。随着通信技术的发展，手机对收音机、电视机也产生了很大的影响。

问题：党的二十大报告中提到“要加快发展数字经济，促进数字经济和实体经济深度融合”，结合网络电视、收音机、手机三个市场的发展变化规律，谈谈该案例对你的启发。

[**提示：**网络电视、收音机、手机目前各自传递着不同的信息，面对的人群不同，信息沟通交流的方式也有差异。由于信息传递方式、功能的差异，目前他们的定位很明确，运用的策略也很到位。随着科学技术的发展，党的二十大报告中提到“要加快数字经济，促进数字经济和实体经济深度融合”，产品更新换代速度加快，人们的需求变化也很快。因此，任何企业必须根据消费需求变化提供相适应的产品和服务，才能在市场上获得竞争力。]

任务学习

企业在决定进入哪个细分市场之后，还必须决定在这些市场中它想取得什么样的地位。成功的企业总是千方百计地向顾客头脑中灌输一种品牌（或产品）的特殊利益以及该产品与竞争对手的区别，设计出一种在目标市场中能够给产品带来最大优势的市场定位，并且设计出实现这一目标的市场营销策略。

为了满足消费者的特定需求，企业通常会提供很多产品或服务作为选择。消费者面对着过多的产品和服务信息，每当他们做出一项购买决定时，根本无法重新估价产品。但在现实生活中，每一位消费者对一些产品在他们脑海里已经绘制了一幅“定位图”，将我们企业的产品和竞争对手产品按照产品性质、价格声望、可靠性、售后服务等维度都放到相应的位置上。企业营销人员在策划营销活动让消费者接受自己的产品或服务时，需要考虑这个营销方案是如何影响消费者认知的，如何跟竞争对手的营销组合作比较的，以及营销环境对它会产生怎样的影响。在分析清楚这些问题后就可以给企业的产品准确地定位了。本任务主要学习市场定位及定位依据，明确企业定位的可能性竞争优势。准确地运用定位策略，给企业的产品和服务定位。并学会有效地向市场表明企业的市场定位。

一、市场定位的概念和依据

（一）市场定位的概念

所谓市场定位就是根据市场的竞争情况和本企业的条件，建立和发展差异化的竞争优势，确定本企业产品在目标市场上的竞争地位。

市场定位的实质是使本企业与其他企业严格区分开来，突出企业及其产品的特色，使顾客明显感觉和认识到这种差别，从而使企业及产品在顾客心目中占据一个特殊的位置，塑造出个性鲜明的产品形象传递给目标市场，给消费者留下深刻的印象，从而取得目标市场的竞争优势。消费者面对着成千上万的海量信息，他只能记得那些给他留下深刻印象的产品和品牌。拥有清晰市场定位的产品，将会让消费者更容易在众多竞争产品中找到它。

所以市场定位的关键不是对产品本身做些什么，而是在消费者的心目中留下什么，即企业要满足谁的需要，满足他们什么需要，如何满足需要，只有明确了这些问题，才能获得竞争优势。单纯的产品质量上乘或价格低廉在目前的市场环境下已难以获得竞争优势。

（二）市场定位的依据

市场定位的依据，一是消费者的需求特征，二是主要竞争对手产品的主要特征，以此建立本企业产品的竞争优势。竞争的优势主要通过产品差异化来体现。产品的差异化主要表现在以下几个方面：

1. 特色

这是指对产品基本功能的增加。如海尔，是海尔集团家电主品牌，秉承锐意进取的海尔文化，品牌定位“绿色理念”。统帅，是海尔集团在互联网时代背景下推出的定制家电品牌，目标人群主要是倡导个性、时尚、简约生活方式的年轻消费群体。海尔集团高端家电品牌卡萨帝名字的灵感源于意大利，品牌定位为“创艺家电，格调生活”。由于它们各具特色，因而在国内国际市场获得了极大的成功。

2. 性能

这是指产品的主要特点在使用中的水平。在产品的价格没有超过顾客的支付能力时，顾客总是愿意以较高的价格购买性能更优的产品。企业应根据目标市场的具体情况确定相应的性能标准。

3. 一致性

这是指产品在使用中达到设计标准的程度。如果某种产品在使用中能够达到各项设计标准，那么这种产品就被认为具有高度的一致性，会给顾客留下完美的印象，人们也乐于购买。华为、海尔产品在消费者心目中具有良好的形象，就是因为它们具有高度的一致性。

4. 可靠性

这是指产品在一定时间内不出故障，能正常使用的可能性。海尔可靠性工作的精髓就是服务每一位海尔产品的使用者以及潜在的使用者。我们从卡萨帝复式大滚筒洗衣机的可靠性实践充分感受到这一真谛。海尔的卡萨帝复式大滚筒洗衣机虽然已经成功上市，但在洗衣机可靠性实验室，仍有卡萨帝复式大滚筒洗衣机在做着各项可靠性试验。海尔已经建立了有效的可靠性效果分析和纠错系统，即便是已经成熟的技术和产品，也都在这个机制的控制之下。如海尔甚至做出了卡萨帝复式滚筒洗衣机整机保修3年的售后保障，远远高出国家规定整机保修1年的标准。复式平衡环核心部件更是提供了10年保修的承诺。

5. 耐用性

这是指产品预期的使用寿命。如超平彩电除了其他一些特性外，使用寿命是平面直角彩电的1.7倍，即使它的价格较高，但消费者也愿意购买。

6. 风格

这是指产品带给顾客的视觉和感觉效果。如有的电视机机壳有红、黄、蓝、白、黑等几种颜色，给人一种全新的视觉感受。在风格差异化中，必须注意包装的运用。

当然，每一种差异都会增加企业的成本，企业应突出有价值、有意义的差异，以便通过这些差异，有效地把本企业的产品与竞争对手的产品区别开来，达到市场定位的目的。

二、市场定位策略

（一）属性定位策略

根据特定的产品属性来定位，产品属性包括制造该产品采用的技术、设备、原材料及该产品的功能、产地、历史等因素。如贵州茅台、西湖龙井等按产地定位。当企业的一种或几种属性是竞争对手的产品所不具备时，企业定位就应强调这些特性。

（二）竞争性定位策略

根据与竞争者有关的属性或利益来定位。即以竞争产品为参照，强调“人无我有，人有我优”。如海尔认为，在科技日益发达的今天，产品质量已经不是消费者追逐的重点，此时，服务成为决定企业在市场竞争中成功与否的关键因素，海尔无疑是其中的佼佼者：坚持24小时免费咨询电话，24小时内上门服务，服务人员统一着装，统一用语，统一的规范制度，让消费者真正感受到“上帝”的待遇。

（三）质量—价格定位策略

这是指对照质量和价格来定位。一是强调质价相符，在企业产品价格与同类产品相比更高的情况下，强调产品具有高质量，一分价钱一分货；二是强调质高价低，物有所值，以加速市场渗透，提高市场商品的占有率。如华龙集团提出的："同等质量比价格，同等价格比质量"的口号，就是这种定位策略的具体运用。这种定位策略，除了向顾客传递产品的低价实惠外，还要重视产品质量信息的传递，否则，会给顾客造成产品定位档次低，价格高的错觉。所以华龙集团在营销中同时还宣传"加质加量不加价"。

【学习互动】

"市场自己会说话，市场运行是有规律的，凡是无视市场规律的人，终究会吃亏的"。从营销道德和营销伦理德角度分析这种说法科学吗，说说你的看法。

（四）利益定位策略

根据产品所能满足的需求或所提供的利益、解决问题的程度来定位，强调顾客购买产品时追求的利益和获得的附加利益。如海尔在卡萨帝复式大滚筒洗衣机设计中第一个想解决的问题是噪音。海尔提供的资料显示，国际知名的市场研究公司曾做过一项历时 3 个月、遍布全球 137 个国家和地区的调研报告，其结论是噪音成为滚筒洗衣机用户的最大抱怨。第二个想解决的问题是容量。海尔集团在市场入户调研的时候发现，即使小家庭也需要洗涤大件物品，如夏被等，洗衣机容量需要变得越来越大。第三个想解决的问题是弯腰。也是在这次调研中，海尔还发现消费者抱怨产品高度偏低，尽管斜式滚筒的出现将滚筒洗衣机取放衣物的高度提升到 65cm，但操作起来还是需要弯腰，并没有有效减轻洗衣过程中对腰肌部位的劳损。海尔卡萨帝复式大滚筒洗衣机把这些问题都解决了，这些都是按产品提供的利益来定位的，吸引了大量的顾客。

（五）使用者定位策略

将其产品指向某一类特定的使用者，以便根据这些顾客的看法塑造恰当的形象。如"谢馥春"男士霜。

（六）比附定位策略

指企业比拟名牌、攀附名牌来给自己的产品定位，以借名牌产品之光而使自己产品的品牌生辉的定位策略。主要的做法是：一是甘居"第二"，就是明确承认自己的产品在同类产品中，与最负盛名的产品相比，只不过是第二位而已；二是"攀龙附凤"，如内蒙古的宁城老窖，以"宁城老窖，塞外茅台"的广告诉求定位，就是一个较好的例子；三是奉行"高级俱乐部策略"，借助群体的威望和模糊数学的方法，提升自己的地位和形象，如宣称自己是某行业三大企业之一、50 家大企业之一、十大驰名品牌之一等。这种定位策略会使消费者对企业产生一种谦虚诚恳的印象，提高了企业的可信度，吸引大批消费者购买本企业的产品。

总之，市场定位的策略有很多种，你可以把自己塑造成高价品中的典范，也可以化身为优质服务的代表，只要这种定位是来自你自身优势和鲜明个性，然后把这一市场定位传达到目标消费者的心坎上，企业的市场定位就成功了。

【学习互动】

某啤酒厂推出了一种低热量的啤酒，将其定位为喝了不会发胖的啤酒，迎合了那些经常饮用啤酒而又担心发胖的人的需要。这采用了哪种定位策略？

三、市场定位的类型

（一）迎头定位

这是一种与在市场上居支配地位的竞争对手“对着干”的定位方式，即企业选择与竞争对手重合的市场位置，争取同样的目标顾客，彼此在产品、价格、分销、供给等方面很少有差别。

实行迎头定位，企业必须做到知己知彼，应该了解市场上是否可以容纳两个或两个以上的竞争者，自己是否拥有比竞争者更多的资源和能力，是不是可以比竞争对手做得更好。否则，迎头定位可能会成为一种非常危险的战术，将企业引入歧途。

当然，也有些企业认为这是一种更能激发自己奋发向上的定位尝试，一旦成功就能取得巨大的市场份额。

（二）避强定位

这是一种避开强有力的竞争对手进行市场定位的模式。企业不与对手直接对抗，将自己置于某个市场“空隙”，发展目前市场上没有的特色产品，开拓新的市场领域。

这种定位的优点是：能够迅速地在市场上站稳脚跟，并在消费者心中尽快树立起一定形象。由于这种定位方式市场风险较小，成功率较高，常常为多数企业所采用。

（三）重新定位

重新定位通常是指对那些销路少、市场反应差的产品进行二次定位。初次定位后，随着时间的推移，新的竞争者进入市场，选择与本企业相近的市场位置，致使本企业原来的市场占有率下降，或者由于顾客需求偏好发生转移，原来喜欢本企业产品的人转而喜欢其他企业的产品，因而市场对本企业产品的需求减少。在这些情况下，企业就需要对其产品进行重新定位。所以，一般来讲，重新定位是企业为了摆脱经营困境，寻求重新获得竞争力和增长的手段。不过，重新定位也可作为一种战术策略，并不一定是因为陷入了困境，相反，可能是由于发现新的产品市场范围引起的。例如，某些专门为青年人设计的产品在中老年人中也开始流行后，这种产品就需要重新定位。

应用与实践

【营销道德与营销伦理】

背景资料：

目前我国消费领域存在严重的浪费现象，超量超前的挥霍性、奢侈性、炫耀性、攀比性和盲目消费呈现加剧态势。人们最流行的是按照广告宣传选择消费品。面对铺天盖地的广告宣传、永无止境的刺激的欲望，消费者为追求时尚新潮，频繁地更新换代，使大量物品，特别是耐用消费品，在还可使用时就被闲置或抛弃等。

问题：依据背景资料，结合党的二十大报告中提出的我们要“倡导绿色消费，推动形成绿色低碳的生产方式和生活方式”，“在全社会弘扬劳动精神、奋斗精神、奉献精神、创造精神、勤俭节约精神，培育时代新风新貌”，分析本案例中存在哪些营销道德和营销伦理问题？

讨论分析：

个人：结合已经学习的内容和收集的资料，试对上述背景资料中的问题作出你的营销道德和营销伦理研判，并说明你作出营销道德和营销伦理研判所依据的行业道德和伦理规范。

小组：同学们每四人分为一个小组进行讨论，一人记录，形成小组意见，准备在班级交流。

全班：各小组推选一位代表陈述本小组观点。

教师：记录各小组陈述要点，进行点评。

提示 3－3

【实践训练】

有竞争关系商品定位调研

1. 实践训练内容

（1）根据下面定位的实例，进行竞争性产品定位调研，见表 3－4。

表 3－4　A、B 洗涤剂定位方法实例

项目	洗涤剂 A	洗涤剂 B
属性	容易洗涤、快速	洗涤后有清醒气味
价格与品质	价格低、品质好	价格较高，品质最好
用途	适用于有顽固污渍的衣服，预洗	适用于较薄的衣服，手洗
产品使用者	家庭主妇	新产品喜好者
产品分类	专业运动员使用	专业洗衣店使用
竞争对手	相较于产品 B，更能去除污渍	相较于产品 A，清洗衣服更轻柔

（2）两个同学一组，到市场上调查了解，选择两个有竞争关系的产品，按表 3－5 的要求，分析它们的定位策略和技巧，注意每组同学所选产品不得重复。

（3）有竞争关系产品定位分析表。

表 3－5

项目	A	B
属性		
价格与品质		
用途		
产品使用者		
产品分类		
竞争对手		

2. 要求

（1）按实例中的项目分别写出两个商品各自的定位内容。

（2）初稿征求其他同学意见，优化竞争性产品市场定位调研分析表，上传到班级微信平台。

（3）教师推荐3个小组的分析表在班级交流，每个组完成后可指定一位同学点评，老师最后作点评。

思考与练习

1. 选择题

（1）细分市场是由类似的（　　）组成。

A. 产品　　B. 行业

C. 消费者群体　　D. 公众

（2）市场细分的客观基础是（　　）。

A. 需求的差异性　　B. 需求的同质性

C. 需求的客观性　　D. 需求的有效性

（3）无差异性目标市场营销策略的最大优点是（　　）。

A. 策略的有效性　　B. 成本的经济性

C. 实施的便利性　　D. 结果的可控性

（4）消费者对某种产品的需求和爱好差异较大，企业在选择目标市场策略时可采取（　　）。

A. 无差异性市场营销策略　　B. 差异性市场营销策略

C. 集中性市场营销策略　　D. 密集性市场营销策略

（5）一家玩具公司欲对玩具市场进行细分，用（　　）组细分标准比较合理。

A. 年龄、性别、家庭收入水平　　B. 性格、职业、生活态度

C. 购买时机、购买动机、用途　　D. 购买频率、追求利益、年龄

（6）下列有关市场定位的说法正确的（　　）。

A. 产品在市场上所处的位置　　B. 产品在消费者心目中所处的地位

C. 产品的销售对象选择　　D. 产品的销售渠道选择

（7）市场定位的类型有（　　）。

A. 避强定位　　B. 迎头定位

C. 补缺定位　　D. 重新定位

（8）“金利来”领带”，“金利来，男人的世界”的定位，属于（　　）定位策略。

A. 利益定位　　B. 属性定位

C. 使用者定位　　D. 比附定位

2. 判断题

（1）凡是使消费者需求产生差异的因素，都可以作为市场细分的标准。（　　）

(2) 企业在选择目标市场营销策略时，应考虑到产品的同质性，像照相机、服装和一些机械产品这种可以有多种设计、多种式样和质量的产品，企业应采用差异营销策略。（　）

(3) 年龄是细分消费者市场最常用的标准。（　）

(4) 差异性市场营销战略追求的不是在较大市场上占较少的份额，而是在较小的市场上占有较大份额。（　）

(5) 目标市场就是企业拟投其所好、为其服务的那个顾客群，这个顾客群有颇为相似的需求。（　）

(6) 根据市场细分理论，资源有限的企业在目标市场策略的选用上宜采取无差异市场营销策略。（　）

(7) 市场的变化是企业产品重新定位的根本原因。（　）

(8) 同质性产品适合采取密集性市场营销策略。（　）

(9) 目标市场营销是从市场定位开始的。（　）

项目三习题答案

项目四 PPT

项目四
产　品　策　略

任务 1　认知产品组合策略

学习目标

素质目标：通过本任务知识的学习、导入案例和应用与实践学习，培养同学们关注企业产品组合中的创新性和可持续发展的意识。

知识目标：通过本任务知识的学习，能正确描述产品、产品整体概念的内涵、产品组合策略的内容及产品组合策略的优化调整等陈述性知识。

能力目标：通过本任务的导入案例和应用与实践学习，培养同学们运用产品组合的相关知识，对某一个消费品生产企业的产品组合进行分析的专业能力。

导入案例

“海尔”空调“量体裁衣”

青岛海尔空调推出了“为您量体裁衣”活动，根据用户的房型、居住面积和朝向等情况，上门为用户设计最符合需求的空调，并且凭借强大的技术优势，先后设计了嵌入式、卡式、吊顶落地式、风管式等十几种模式。室内机可安装在卫生间或储藏室的天花板内，丝毫不占房间的有效空间，而且极易与室内装饰浑然一体。由于此举最大限度地满足了用户个性化的需求，尽管空调价格不菲，仍然成为市场上最受消费者宠爱的品牌，销售一路攀升，创造了家电市场又一个亮点。

问题：你是如何理解海尔公司推出的空调“量体裁衣”活动的？分析一下海尔集团的空调“量体裁衣”活动对你的启发。

［**提示：**产品对于消费者而言不只是一件有形的产品，它必须是耐用的、有吸引力的，而且这种产品对于消费者而言必须是有用的，可以满足他们特定需求的。同时，当一种产品被开发出来，需要作出许多关于最终形成和商品化的产品组合决策，或附加一些改

进措施，以使这种产品更满足其目标市场的需求。海尔集团的空调“量体裁衣”活动，正好满足了顾客的个性化需求，因此取得了理想的营销效果。在我们日常生活中看起来很简单的产品也是由很多部分组成的，顾客所追求的是整体的产品，因此，企业必须根据顾客需要提供合适的产品，这样才能更好地满足顾客的整体需求。]

任务学习

从本任务开始，我们将分别学习营销组合中的产品、价格、渠道、促销四项内容，这是营销人员用来实施营销策略的战略工具。产品是营销组合中最重要的因素。企业在制定营销组合时，首先需要回答的问题是开发什么样的产品来满足目标市场需求。产品策略的研究，将使这一问题得到全面、系统的回答，而且营销组合中的渠道、价格、促销三个策略，也是以产品策略为基础来进行决策的。因此，产品策略是整个营销组合策略的基石。产品通常是第一位也是最基本的营销要素，企业往往把产品看作是他们所生产和销售的实物，而消费者则把产品看作是用来满足他们需求的途径，营销人员在衔接这种分歧的过程中扮演着重要的角色。所以，从市场营销的角度出发要求企业在开发产品的过程中，必须始终考虑消费者的需求，这是营销活动成功的关键。因此，本任务就从什么是产品开始，了解产品的内涵，整体产品三个层次的内容及相互关系，产品组合及组合策略，产品组合策略优化等内容。

一、产品的整体概念

什么是产品呢？可以从狭义、广义两个角度来理解。狭义的产品是指通过生产劳动生产出来的，具有特定的物质形态的，用于满足消费者需求的有形产品。如面包、自行车、电视机等。广义的产品是指向市场提供的，能够满足人们某种欲望或需求的任何东西，包括有形物品、无形的服务以及人员、组织、观念或者它们的组合。市场营销学的产品概念是广义的，是有形物品和无形服务的统一，是一个整体概念，满足的是消费者的整体需求。在设计和销售产品时，营销者必须从产品的整体概念出发考虑产品。

产品的整体概念由核心产品、形式产品、延伸产品三个层次构成，如图 4－1 所示。

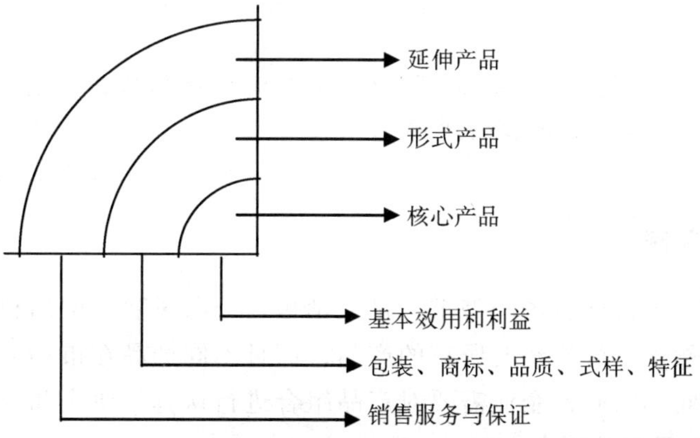

图 4－1　产品整体概念示意图

（一）核心产品

核心产品是指产品提供给购买者的基本效用和利益，即产品的使用价值。顾客购买某种产品，不是为了占有产品本身，而是满足自己某一方面的需求和欲望，如妇女购买化妆品，买的是容颜不老。所以，产品实体只是产品效用和利益的载体，离开了功效，产品就失去了存在的价值。因此营销人员必须洞察顾客购买某种产品时追求的核心利益和要解决的问题，在设计开发新产品和推广新产品时给予关注。

（二）形式产品

形式产品是指向市场提供的产品实体和服务的外观，是核心产品借以实现的形式。一般包括品质、特征、款式、品牌、包装五个方面的内容，产品的基本效用必须通过某些具体的形式才得以实现。形式产品是呈现在市场上可以为顾客所识别的，因此它是消费者选购产品的直观依据。现代竞争日益激烈，在产品设计上除了充实其核心利益外，还应重视塑造完美的产品形体，以提高企业产品的竞争能力。如海尔太空消毒洗碗机，就以“海尔”的品牌名称，臭氧消毒、液晶显示、快速烘干等特征，一流的质量水平，独特的外观造型出现在市场上，产品不但能满足顾客所需要的核心利益，而且功能完善，直观设定洗涤程序，操作很方便，洗涤全自动，洗碗更轻松、更快捷。

（三）延伸产品

延伸产品也称附加产品，是指产品提供给顾客的一系列附加利益，包括产品说明书、保证、维修、安装、运送、消费信贷、技术培训等。如旅馆人性化的服务、摆放鲜花与免费早餐等。附加产品超越顾客的期望，给顾客带来额外的惊喜与满足。可以预见，在大多数企业产品更新换代能力逐步接近、信息手段高度发达的今天，利用产品实体因素来赢得市场竞争主动权的机会将越来越小，营销者争夺顾客的主战场将逐步转移到售后服务和提升服务品质上来。因此，能够正确地发展附加产品的企业，必将在竞争中获胜。

产品整体概念的三个层次，十分清晰地体现了以消费者为中心的现代市场营销观念，它强调企业在提供实质产品的同时，也要重视形式产品和延伸产品的研究与开发，全方位地满足消费者的需求。

【学习互动】

有人说：“产品形成于生产领域。”这句话对吗？请你从营销道德和营销伦理角度分析，说说你对产品的形成过程的理解。

二、产品组合策略

现代企业为了满足目标市场的需求，扩大销售，分散风险，增加利润，往往不可能只经营一种产品，当然也不可能经营所有的产品，而且不同产品在市场上的相对地位以及对企业的贡献也不相同。因此，企业需要对产品组合进行认真的研究和选择。

（一）产品组合及相关概念

1. 产品组合

产品组合是指一个企业生产或销售的全部产品的组成方式，包括所有的产品线和每一产品线中的产品项目。它反映了一个企业的经营范围或生产的产品结构。

2. 产品线

产品线也称产品大类，是指能满足同类需求，在功能、使用和销售等方面具有类似性质的一组产品。如海尔集团向市场提供的冰箱、空调、洗衣机、彩电等各类产品，就形成四条产品线。一条产品线往往由若干个产品项目构成。

3. 产品项目

产品项目是指产品线内各种不同的产品。一种型号、规格、品种、外观等的产品就是一个产品项目，它是企业产品目录中列出的每一个具体的产品单位。

（二）产品组合的影响因素

1. 产品组合的广度

它是指一个企业的产品组合中所拥有的产品线的数目。产品线越多，说明企业经营范围越广。

2. 产品组合的深度

它是指一个企业产品线中包含的产品项目的数量。产品项目数量多，产品组合程度即深；反之则浅。如一般专业服装店产品组合深度较深，而一般百货商店服装产品组合深度就差些。

3. 产品组合的关联性

它是指各条产品线在最终用途、生产条件、分销渠道或其他方面相关联的程度。

例如，海尔集团有 40 多个产品大类，800 多个产品项目，为了便于分析研究，仅选取一部分产品种类、项目来说明。如表 4－1 所示。

表 4－1　　海尔的产品（部分）组合

	广度			
	电冰箱	空调器	洗衣机	电视机
深度	大王子 双王子 小王子 帅王子	小元帅 金元帅 小超人 小状元 小公主	丽达 小神功 小丽人 小神童 小神泡	探路者

上例中，产品组合的广度为 4；电冰箱的产品组合深度为 4，电视机为 1；海尔的产品都是家用电器，关联程度较高。如果海尔又生产火腿肠，中药，那它的产品组合关联程度就大大降低，甚至毫无关联性。

产品组合的几个影响因素，对企业制定产品组合策略具有重要意义。一般情况下，扩大产品组合广度，可以拓展企业的经营领域，实行多元化经营，分散投资的风险；增加产品组合的深度，使企业产品线变得更加完整，可以适应更多的特殊需求，占领同类产品更多的细分市场，提高市场占有率；提高产品组合的关联程度，可以强化企业的市场地位，发挥企业在有关专业领域的综合优势，在某一特定的市场赢得良好的声誉。

（三）产品组合策略的种类

产品组合策略即企业根据市场需求和自己的营销目标，对产品组合的广度、深度和关联性进行的最优化组合决策。常用的产品组合策略有以下五种：

1. 全面发展策略

指企业着眼于向任何顾客提供他们所需的一切产品和劳务，即要照顾到整个市场的需求。该策略要求企业尽可能增加产品组合的广度和深度，力求覆盖每一个细分市场，对产品组合的关联程度则没有限制。其中又可分为两种情况：一种是不考虑产品的关联性而努力拓宽产品线的深度和产品组合的宽度，就是尽量发展任何有利可图的产品。另一种情况是在一定相关联的前提下，尽量扩大产品组合的规模，扩展产品组合之后关联程度仍然紧密，许多企业都采取这种策略。

2. 市场专业策略

指企业专门向某一市场（某类消费者）提供所需的各种产品。如旅游公司向旅游市场提供旅游者所需的住宿服务、饮食服务、交通服务以及各种旅游纪念品。这种策略以满足同一类顾客需求为出发点，尽量拓展产品组合的广度，而并不强调其关联性，即依据各类顾客需求设置产品线，尽快占领该专业市场。

3. 产品线专业策略

指企业只生产某一类产品，以不同的型号，款式来满足该类消费者的需求。这一策略，强调产品组合的深度，不断拓展产品项目。例如，汽车制造厂生产不同种类、不同型号的汽车，来满足工矿企业、事业单位，出租公司的需求。

4. 产品项目发展策略

指企业根据自己的专长，集中生产经营有限的、甚至是单一的产品项目，来满足有限的或单一的市场需要。如汽车制造厂专门生产“微型车”；制冷设备厂只生产家用电冰箱，来满足某一市场需求。这一策略可为小型企业采用，因其所需的资金相对较少，可发挥专业特长，但它的风险比较大。

5. 特殊产品发展策略

指企业利用自己的专长，专门生产经营某些销路好的特殊产品，以满足消费者的特殊需要。如生产残疾人用品或具有独特工艺的艺术品等。该策略的市场竞争威胁小，适合于小型企业，但市场范围较小，难于扩大经营。

【学习互动】

某电视机企业为了在市场竞争中保持优势，不断发展微型电视、背投电视和壁型挂式电视等产品，这采取了什么产品组合策略？

应用与实践

【营销道德与营销伦理】

背景资料：

经理的抱怨

某办公用具公司生产了一种传统样式的文具柜，这种文具柜的选料十分坚固，采用多种加固工艺制作以后非常结实，但销路很是不畅。公司经理内心十分抱怨，他说："我们的文具柜材质很好，非常结实。我们做过一个实验，把文具柜抬到二楼，从楼上摔下去也没有坏。难道消费者看到我们的实验不震撼吗？"

问题：本实例中存在哪些营销道德和营销伦理问题？

讨论分析：

个人：结合已经学习的内容和多种渠道收集的资料，试对上述实例中的问题作出你的营销道德和营销伦理研判，并说明你作出营销道德和营销伦理研判所依据的行业道德和伦理规范。

小组：同学们每四人分为一个小组进行讨论，一人记录，形成小组意见，准备在班级交流。

全班：各小组推选一位代表陈述本小组观点。

教师：记录各小组陈述要点，进行点评。

提示 4－1

【实践训练】

体验产品/服务三个层次的内容

1. 实践训练内容

根据表 4－2 的范例，请你任选一个产品和一项服务，详细展示其三个层次的内容，见表 4－3。

表 4－2　产品/服务的三个层次范例

产品名称	核心产品	形式产品	延伸产品
动力割草机	达到预期标准用于割草	停机保护、××品牌质量	质量保证期、售后服务
反病毒软件	防止病毒入侵计算机	杀毒效果、××品牌质量	质量保证期、负责安装、软件升级、售后服务

表 4－3　产品/服务的三个层次实例分析表

产品名称	核心产品	形式产品	延伸产品

2. 要求

（1）每 4 个同学一组，认真学习有关产品整体概念的内容，并在网上查找相关资料。

（2）实地走访有关产品/服务的生产或经营企业，了解他们对产品整体概念是如何把握的，并从调查资料中选择产品/服务项目，作为实训的内容。

（3）按表 4－3 的要求填写整体产品的三个层次：核心产品（核心利益）、形式产品（外观、品牌、包装等）、延伸产品（服务项目）的详细内容，形成整体产品分析表（小组间选择产品不得重复）。

（4）可结合主要竞争对手说明其整体产品的特殊竞争力。

（5）老师选 3—5 组同学成果在班级交流，并作点评。

任务2 认知产品市场生命周期策略

学习目标

素质目标：通过本任务知识的学习、导入案例和应用与实践学习，培养同学们对产品和市场进行实事求是分析意识。在根据产品市场生命周期制定营销策略等过程中树立全面、科学分析的态度。

知识目标：通过本任务知识的学习，能正确描述了解什么是产品市场生命周期、产品市场生命周期各阶段的特征和营销策略，描述产品生命周期理论对企业市场营销活动的价值等陈述性知识。

能力目标：通过本任务的导入案例和应用与实践的训练，能运用产品市场生命周期相关知识，能判断市场上常见产品所处生命周期的阶段，并有制定相应的市场营销策略的专业能力。

导入案例

我国汽车市场的发展历史

一、1958年内地第一辆自制轿车诞生（投入期）

1950年，毛主席访问苏联期间，中苏双方商定，由苏联援助中国建设第一个载重汽车厂。1953年，第一汽车制造厂在长春破土动工，这是中国有史以来第一次建设自己的汽车厂。1956年7月13日，在长春第一汽车制造厂，被毛主席命名为“解放”牌首批12辆汽车试制成功。这12辆解放牌汽车的下线，结束了中国不能批量制造汽车的历史。

1958年5月5日，中国第一辆自己制造的轿车——“东风”在一汽诞生，从而开启我国民族轿车工业的新篇章。中国自力更生制造出的轿车填补了中国工业的空白。

二、1985年内地第一家合资厂出现（成长期1）

1985年，内地第一个轿车合资企业上海大众成立，标志着中国的现代化轿车工业的开端。当时规定，中德双方投资比例分别为：上海汽车集团股份有限公司50%，德国大众汽车集团40%、大众汽车投资有限公司10%。20世纪90年代中前期，中外合作以及技术引进进一步深入，两个新建的合资企业一汽大众和神龙富康起点都比较高，富康引进的是20世纪90年代的车型，一汽引进了先进的20气阀发动机制造技术，并向德国出口这种发动机部件。全国主要引进车型的国产化率达到80%以上，质量也显著提高，而车价大幅度下降，轿车开始迅速进入百姓家。1998年，我国轿车产量达到43万辆，大约占汽车总产量的40%，汽车产业结构已经发生根本性的转变。

三、2009年中国汽车销量跃居世界第一（成长期2）

从1998年之后，乘用车销量开始超过商用车销量。汽车工业也从载重汽车到轿车发生重大变化。此外，以中外合作和技术引进为基础的我国轿车工业又迈上了一个新台阶。广州本田、上海通用和大众分别引进了最新的高档车型雅阁、别克和奥迪 A6，这几个车型的投产标志着中国轿车产品和生产技术赶上世界的发展步伐。

1998 年前后，自主品牌奇瑞、吉利等也开始成立，自主品牌开始探索自主造车之路，并迅速发展壮大。中国汽车工业在 2001 年年底中国加入 WTO 后，进入了一个市场规模、生产规模迅速扩大；全面融入世界汽车工业体，并向汽车产销大国迈进。2009 年，我国汽车全年产销量首次超过美国，跃居世界第一。

四、近几年，新能源车企多了，推出各种新能源车（成长期 3）

2021 年全年国内乘用车累计销量达 2014.6 万辆，同比增长 4.4%。其中新能源乘用车零售销量达到 298.9 万辆，同比增长 169.1%。可以说 2021 全年的增长点，主要集中是在新能源车领域，在销量前十的新能源汽车当中，国产新能源汽车厂商占了 9 家。

随着我国环保工作的深入推进，在我国新能源汽车日益向电动化方向发展。为了抢占汽车市场高地，新能源汽车厂商布局先进的辅助驾驶系统，对接了尖端的智能网络技术，嵌入了传感器、雷达等新的配套元器件，致力于为产品增加更多的附加值。

问题：结合案例资料思考我国汽车发展的历史对你的启发，并展望一些新能源汽车的发展趋势。

[**提示：**我国汽车发展的 70 年的历史，是一部艰苦奋斗的历史，是不断进取的历史。从这一发展历史中我们可以看到汽车这种产品的市场生命周期。汽车作为人们出行的主要交通工具，受到国人的青睐。但汽车从燃油车正在向新能源汽车方向发展，随着我国环保工作的深入推进，石油这种化石能源在日益减少，风能、水能、太阳能等可再生能源技术的发展，新能源汽车可能会受到更多的国人青睐，汽车还会随着科学技术的发展、新能源技术的发展，更舒适、更安全、更容易驾驶的汽车会不断出现。]

任务学习

上一任务我们从静态角度学习了产品和产品组合的基本知识，本任务要从动态角度考察产品在市场上的发展变化规律。任何一种产品投放市场，企业都想让其有一个长久而愉快的生命周期。这个周期的每个阶段都会面临新的挑战，要求有不同的营销战略和策略。

产品市场生命周期通常表现为一个随时间变化的产品销售曲线。这个过程由于经受的风险不同，企业营销人员努力的差异，每种产品市场生命周期都有不同的长度和特征。本任务学习产品市场生命周期的内涵，产品市场生命周期不同阶段表现特征和应采取的营销对策，从而学习怎样根据产品所处市场生命周期阶段，制定相应的营销策略，提升产品在市场上的竞争力。

一、产品市场生命周期的概念

产品市场生命周期是市场营销学中一个十分重要的概念。它是指一种产品在市场上出现、发展到最后被淘汰的过程，它是产品更新换代的经济现象。

任何一种产品在市场上的销售情况和获利能力都是变化的。产品市场生命周期的长短主要取决于产品上市后消费需求的变化速度、科学技术的发展速度，新产品更新换代的程度、企业营销的努力程度等。所以，有的产品生命周期长些，如电视、汽车等，有的产品生命周期短些，如一些流行品。就大多数产品而言，产品生命周期的理论是完全适用的。

理解产品市场生命周期概念时应注意以下几个问题：

（一）产品市场生命和产品使用寿命是两个不同的概念，应加以区别

产品的使用寿命是指产品从开始使用到报废为止所持续的时间，即产品的耐用程度。而产品的市场生命是一种社会经济寿命。有的产品使用寿命很短，但它的市场生命周期很长，如鞭炮、肥皂等；有的产品使用寿命很长，但它的市场生命周期很短，如时装等。

（二）产品市场生命周期主要指产品种类、品种和品牌的市场生命周期

如电视机种类，17 吋黑白电视机是一个品种，海尔是个品牌，电视机是一个种类。一般而言，产品种类市场生命周期更长，这与人类某种需要的持续与永恒密切相关。如人们对电视机的需要，在没有新的产品种类取代电视机之前，电视机将长期处于成熟期阶段。市场营销分析产品市场生命周期，主要是分析产品品种、产品品牌的市场生命周期，以便分阶段采取不同的营销策略。

（三）同一产品在不同国家、不同地区所处的产品市场生命周期阶段往往不同

如轿车在我国处于成长期，有的发展中国家正处在投入期。这就为企业开发新市场，延长产品市场生命周期提供了依据，这在国际市场营销中具有重要意义。

微课：自行车的前世今生

二、产品市场生命周期各阶段的特征和营销策略

产品市场生命周期是根据产品在市场上的销售情况和获利能力来衡量的，为便于分析和研究，我们用一个图形来描述产品的生命周期，如图 4－2 所示。

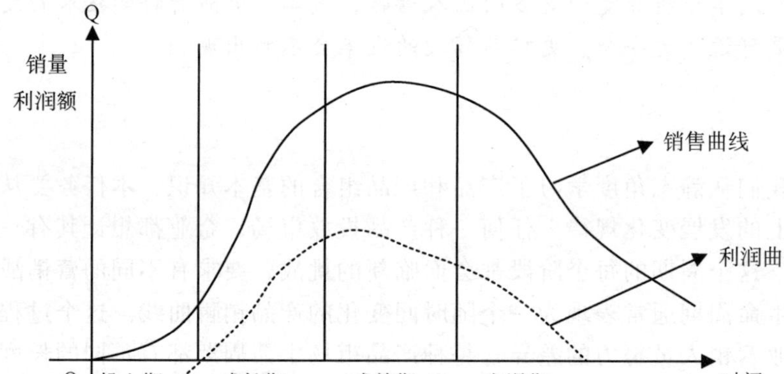

图 4－2 产品市场生命周期示意图

由图 4－2 可知，产品的生命周期四个阶段：投入期、成长期、成熟期、衰退期，图中的销售曲线和利润曲线的变化趋势大体相同，只是变化的时间有些不同。当销售曲线还在上升时，利润曲线已开始下降，这是由于竞争压低了销售价格所造成的。

由于产品在其市场生命周期的各阶段具有不同的特征，因此，在营销过程中，企业应采取不同的策略。

（一）投入期的特征及营销对策

1. 投入期的特征

（1）销售量小且销售额增长缓慢。这是由于消费者对新产品不了解、不熟悉，只有极少数求新者购买，多数人观望，或不知道新产品上市，中间商对新产品的销售前景不明，不敢贸然进货。

（2）生产批量小，制造成本高，营销推广费用大，企业利润很低甚至亏损。作为新产品，在这一阶段需要投入大量的推广费用，以扩大产品知名度，由于成本高，推广费用大，出现亏损应属正常现象。所以，营销人员应保持清醒的头脑。

（3）竞争者少。技术含量较高的产品在投入期竞争者较少甚至没有竞争者。

（4）风险大。由于市场预测失误、新产品本身有致命的缺陷、上市时机选择不当、宣传不力等原因，都可能使新产品上市不久即夭折。

2. 投入期的营销对策

重点是努力提高知名度，突出一个“准”字。具体地讲：

（1）控制投资规模。待销量有明显增加再逐步扩大投资；单一品种或品牌进入市场，待新产品被接受后再不断多样化和差异化；广泛收集顾客使用新产品的信息，尽快改进新产品的缺陷；提高产品质量，降低生产成本。

（2）采取各种方式，加强营销推广和促销工作，努力扩大产品知名度。营销推广的重点应放在知晓产品的存在和产品的利益、用途上。促销的方式多种多样，如赠送样品、新产品演示、免费试用、技术培训、扶持中间商经销等，使产品尽快为消费者所接受而进入成长期。

（3）选择适当的销售渠道，减少流通费用。

（4）采用价格与促销的市场营销组合手段。可形成四种策略供选择：

① 快速撇取策略。即企业以高价格高促销推出新产品。采取这一策略的条件是：市场容量大，大多数顾客还不知道该产品，顾客渴望得到这种产品而不在乎价格，企业面临潜在竞争者的威胁。

② 缓慢撇取策略。即企业以高价格低促销推出新产品。这种策略适用的条件是：市场容量小，潜在顾客已经了解产品，消费者愿意出高价格购买该产品，潜在竞争威胁不大。

③ 快速渗透策略。即企业以低价格高促销推出新产品。这种策略适用的条件是：市场容量很大，顾客不了解这种产品，消费者对价格很敏感，潜在竞争威胁严重，产品生产成本会随着生产规模的扩大而降低，从而抵消高费用低价格带来的不利影响。

④ 缓慢渗透策略。即企业以低价格低促销推出新产品。这种策略适用的条件是：市场规模很大，潜在购买者已了解这种产品，消费者对价格很敏感，市场上存在一些威胁不大的潜在竞争。

（二）成长期的特征与营销对策

1. 成长期的特征

（1）销售量迅速增长。产品已为消费者熟悉，最初的购买者继续光顾，进行重复购买，保守的顾客也开始购买，促使销量不断增长。

（2）利润增大。可能达到整个生命周期的最高点。

（3）吸引竞争者加入。在高额利润的诱使下，新的竞争者进入市场，企业间为争夺市场份额的竞争日益激烈。

2. 成长期的营销对策

重点是创名牌，突出一个“优”字。具体地讲：

（1）努力提高产品质量，增加新的花色、品种、款式，改进包装，使整体产品优于竞争对手。

（2）积极寻找和进入新的细分市场，广泛分销，发展网点，以扩大产品销路。

（3）价格稳中有降，不可轻易提价。原来以高价进入市场的产品，在适当时机降低价格，以争取对价格敏感的消费者，并抑制竞争者的加入。

（4）改变广告宣传的重点。从扩大产品知名度转为宣传产品的特色，树立起本企业及其产品的良好形象，重点宣传品牌商标，使消费者产生偏爱，认牌购买，以保持原有顾客，争取新顾客。

一种新产品顺利进入成长期，说明这是一个成功的产品，它已摆脱了夭折的风险。但是这并不等于创新产品的企业能成功地利用这一产品获利。因为众多的竞争者完全可以采用“迟人半步”的新产品开发策略，把创新产品的企业挤出市场，他们既不用投入新产品的研发费用，又可针对新产品的缺陷，加以改进提高。

（三）成熟期的特征与营销对策

1. 成熟期的特征

（1）销量最大。达到整个生命周期的最高峰，但增长速度缓慢，并渐趋稳定。

（2）利润平稳或下降。

（3）市场供应饱和，竞争激烈。一部分顾客开始转向购买新产品或替代品。由于存在行业内生产过剩的威胁，迫使各个企业都采用有效的竞争手段来维持市场占有率，导致激烈的市场竞争。

2. 成熟期的营销对策

重点是延长产品生命周期，维持市场占有率，突出一个“改”字。具体地讲：

（1）市场改革。即开发新市场，寻找新客户。第一，发现和进入新的细分市场。如一些产品在城市市场趋于饱和后，向农村市场进行转移；第二，促使现有顾客增加使用频率和使用数量。如对牙膏的使用，宣传每天早晚刷牙，饭后漱口，才能有效地保持口腔卫生；吸引竞争者的顾客和从未使用过本产品的顾客，使之成为本企业产品的使用者。

（2）产品改革。第一，品质改良。提高产品质量，改进使用效果，使本企业产品更可靠、更经济、更耐用、更安全等；第二，特性改良。主要侧重增加产品的新特性，尤其要在产品的高效性、方便性、适用性等方面改进；第三，形态改良。是指产品外观的改进，包括采用新的包装、款式、风格、花色等，增加产品的美感。

（3）营销组合改革。通过改变市场营销组合中的一个或几个变量，以刺激需求，扩大销量。如适当降价，增加广告，改善分销渠道，提供完善的售后服务等。

【学习互动】

在成熟期，有人认为，增加广告活动是增加心理上的说服力，增加促销手段（如打折、赠品等）是增加财务上的说服力。请你从营销道德和营销伦理角度说说你对这一说法的理解。

（四）衰退期的特征与营销对策

1. 衰退期特征

（1）需求量、销售量明显下降。消费者兴趣转移。过度的竞争，更新的产品开始进入市场，这些都导致产品销量急剧下降。

（2）利润减少或亏损。伴随着销量的迅速下降，利润也在锐减，甚至出现亏损。

（3）产品出现积压，仿制品充斥市场，竞争者或立即退出或缓慢地退出市场。

2. 衰退期的营销对策

重点是掌握时机，调整市场，突出一个“转”字。

（1）立即放弃。对于确实没有必要继续经营下去的衰退产品或有其他更好的发展项目时，企业应果断地放弃老产品，将企业的资源转到新的项目上去，或将老产品的所有权、生产技术转卖给一些有兴趣的企业。

（2）逐步放弃。如果立即放弃将造成较大的损失，企业可选择逐步放弃，即逐步地减少投资和产品生产数量、放弃较小的细分市场、缩减分销渠道、大力降低促销费用、精减推销人员等，直到该产品完全被市场淘汰为止。对于决定放弃的产品，不管采取哪种方式，都必须承诺和加强对以前的顾客提供必要的服务，以维护消费者的利益和企业的良好形象。

（3）继续经营。当企业判断竞争者将退出该产品市场时，可采取这种策略，即继续沿用过去的策略，希望竞争者退出市场后，这种产品能增加盈利。这必须对竞争者的动向有一个准确的判断。

应用与实践

【营销道德与营销伦理】

背景资料：

将脑袋打开一毫米

有一间生产牙膏的公司，其产品深受广大消费者的喜爱。在产品上市的前十年里，公司每年的营业增长率为 10% ~20%。不过，这项良好的业绩进入第十一年便停滞下来，公司董事会为此召开高层会议商讨对策。有人在会上建议：将现有的牙膏脑袋（开口）扩大 1 毫米。这个建议使该公司第十四年的营业额增加了 32%。

问题：依据背景资料，结合党的二十大报告中提出的我们要“加快实施创新驱动发展战略”，分析本案例中存在哪些营销道德和营销伦理问题？

讨论分析：

个人：结合已经学习的内容和多种渠道收集的资料，试对上述实例中的问题作出你的营销道德和营销伦理分析，并说明你作出营销道德和营销伦理分析所依据的行业道德和伦理规范。

小组：同学们每四人分为一个小组进行讨论，一人记录，形成小组意见，准备在班级交流。

全班：各小组推选一位代表陈述本小组观点。

教师：记录各小组陈述要点，进行点评。

提示 4-2

【实践训练】

产品市场生命周期特征与对策分析

1. 实践训练内容

通过市场调研，选择处在产品市场生命周期不同阶段的产品，按要求填写表4－4的内容。

表4－4　产品市场生命周期特征与对策分析表

	导入期	成长期	成熟期	衰退期
产品名称				
消费者类型				
经销商				
竞争者				
营销费用				
营销利润				
营销重点				
价格策略				
促销策略				

2. 要求

（1）每4个同学一组，每位同学负责一个阶段并选择相应的商品。

（2）认真学习有关产品市场生命周期的相关内容，从图书馆或网上查找相关资料。

（3）实地走访2家以上企业，调查企业经营产品情况，了解生命周期不同阶段产品的基本特征和采取的营销对策。

（4）小组成员共同讨论，按表4－4格式将调查的有关内容，按分工填入相应的空格（各组要选择不同的商品），并把分析表上传到班级微信群。

（5）老师选3—5组同学在班级交流，并作点评。

任务3　了解产品包装策略

学习目标

素质目标：通过本任务的知识学习、导入案例和应用与实践训练，培养同学们在产品包装方面践行营销职业道德的能力，强化绿色营销的意识。

知识目标：通过本任务的知识学习，能陈述产品包装、产品包装分类、产品包装方法和包装技术、包装策略等基础知识。

能力目标：通过本任务的导入案例和应用与实践训练，培养同学们根据市场营销状况对企业产品包装的认知能力，提升服务意识。

导入案例

改变包装出奇效

苏州檀香扇原来在香港市场上售价每把为65港元，销路一直不佳。经过市场调查，发现是由于包装不讲究，影响销路。因为消费者购买檀香扇的目的主要是作为馈赠礼品或工艺品，因此对包装的要求很高。后该企业改变包装，花5港元把原来的纸盒包装改为锦盒包装，售价提高到165港元，结果销路大增，5港元的成本带来了90港元的利润。

问题：你对苏州檀香扇厂这种改变包装的做法有何评价？

[**提示：**产品的包装是产品质量不容忽视的一个重要组成部分。良好的包装能满足消费者的某种心理需求，并将包装与质量联系起来，在一定程度上降低了消费者对价格的敏感性，特别是一些礼品或工艺品，消费者愿意以较高的价格购买有精美包装的商品，从而增加企业的利润。]

任务学习

包装是产品整体概念中重要的构成要素。俗话说："人靠衣装，佛靠金装，商品靠包装"。消费者凭借视觉感知的不是商品本身，而是商品的包装。因此，在市场营销中包装是形成产品差异的重要手段，也是供需双方易于辨认，在竞争中先声夺人的有效手段，也是一种经济有效的广告。

企业的市场营销人员应了解包装的含义、包装的种类，熟悉包装的方法和技巧，了解产品的包装策略，并努力把包装作为整体产品的一部分向顾客进行说明和展示。

一、产品包装的含义和分类

（一）包装的含义

包装是指设计、制作容器或包扎物，并运用容器或包扎物将商品盛装的一系列活动。从营销角度看，包装可以从两方面来理解：一是静态的，指盛装产品的容器或包扎物；二是动态的，指设计、生产容器或包扎物并将产品包裹起来的一系列活动，即包装产品的操作过程。二者的统一，构成产品的包装，它反映了产品的外在质量，是产品质量不容忽视的一个重要组成部分。

（二）包装的分类

1. 按照包装在流通中的作用，可分为运输包装和销售包装

运输包装又称工业包装、外包装，其目的是保护产品和提高运输效率。运输包装又可分为单件运输包装和集合运输包装。单件运输包装是指商品在运输过程中以箱、桶、袋等单件容器对商品进行的包装。集合运输包装是指将一定数量的单件包装组合在一个大包装容器内而形成的大包装。目前常用的集合运输包装有集装包、托盘和集装箱等。

销售包装，又称内包装或小包装，它随同产品实体进入零售环节。其目的主要是美化商品，促进销售。

2. 按照产品包装的结构，可分为内包装（件装）、中包装和外包装

内包装是每个产品上做的包装；中包装是一定数量单件商品组合的包装；外包装是指为方便商品储存和运输而进行的包装。

3. 按照包装材料的类别，可分为纸质包装、塑料制品包装、木制品包装、金属包装等

4. 按照包装的技术，可分为防潮包装、防火包装、防锈包装、防虫包装、缓冲包装、压缩包装、真空包装等

（三）包装的作用

1. 保护商品

这是包装最基本的功能。适当的包装，可以保护商品的使用价值，尽量避免损坏、腐烂、挤压、散失、虫蛀、污染等危害和损失，保护商品的良好本色。

2. 便于使用

根据消费者的习惯，对商品进行合理和恰当的分装，能起到便于使用和指导消费的作用。例如，根据消费者的常用量进行一次或多次用量包装，可满足个人、家庭、集团的不同需求；饮料有500ml、250ml、200ml、50ml等不同容量，又有便携式、拉环式、按钮式、易开式等包装。

3. 促进销售

包装是“无声的推销员”，它正在成为一种几秒钟的瞬间广告。顾客购买商品时，首先触及到的是产品的包装，精美的包装给人以美的享受，给消费者留下深刻的第一印象，提高顾客的视觉兴趣，激发顾客的购买欲望。“买椟还珠”的寓言故事，或许能给我们提供许多的启示。

4. 增加利润

良好的包装能满足消费者的某种心理需求，并将包装与质量联系起来，在一定程度上降低了消费者对价格的敏感性，使顾客愿意以较高的价格购买精美包装的商品，从而增加企业的利润。

二、常用的包装方法和包装技术

包装方法和包装技术是一项技术性和艺术性都很强的工作，要求美观、实用 、经济，同时要考虑社会的公共利益。具体地讲：

（一）包装的大小

包装的大小主要受消费者购买和使用习惯、购买力的影响。一般地说，日用消费品小包装使用比较方便。

（二）包装的形状

包装的形状主要取决于产品的形状和性质。一般地说，产品的包装有利于产品的存放搬运，并能美化产品，吸引顾客的注意。运用包装的外形和色彩表现产品的特点和风格，如服装、装饰品和食品的包装，应设法能向顾客直接显示商品本身，应考虑采用透明包装、开窗包装或在包装上附加产品的彩色照片。

（三）包装的构造

包装的构造应能突出产品的特点，体现产品的功能，同时应开启方便。

（四）包装的颜色

颜色能影响人们的情绪，进而影响人们的行为。包装的颜色应美观大方，图案形象生动，色彩鲜艳和谐，不搞模仿，不落俗套，具有艺术感染力，给人耳目一新的感觉。不同的颜色能给人们以不同的感觉。因此应针对不同的商品，采用不同颜色的包装与之相配，同时也应考虑到不同的民族对颜色的偏好与禁忌，以免影响产品在国内或国际市场的销售。

（五）包装的材料

包装材料的选用除了能有效地保护商品外，还应该考虑材料与环境保护的关系，如选用多功能、简单化、容易回收的绿色包装材料等，反对过度包装，以节约资源，保护生态环境。近些年来，随着人们环保意识的增强，提倡绿色营销的呼声越来越高，包装材料与资源运用，包装物与环境保护必须联系起来，包装应兼顾社会利益，努力减轻消费者负担，节约社会资源。为此，有的企业提出“商品包装趋向于零”的口号，尽量减少包装物对环境的污染；禁止使用有害包装材料，实施绿色包装战略等。

（六）包装的其他技巧和要求

不同企业的商品包装应避免雷同；包装上必须注明生产企业或经销企业名称、地址等；包装上的商品说明应充分表现企业对社会公众的责任感；坚决反对利用包装弄虚作假，欺骗和损害消费者利益的行为。此外，必须考虑包装材料与产品价值和质量水平相匹配，既不能出现低值产品高级包装，也不能小商品大包装、欠量包装。

另外，包装设计还应尊重顾客的心理，尊重顾客的宗教信仰和风俗习惯，注意不同运输商、分销商的特殊要求等。

三、包装策略

由于包装在商品营销中的重要性，企业必须运用适当的包装策略，充分体现商品的魅力，激发顾客的购买欲望。常用的包装策略有以下几种：

（一）类似包装策略

它是指企业所有商品的包装采用共同或相似的形状、图案、颜色、特征等。这种策略能节省企业的包装设计及制作成本，使顾客容易识别商品出处，扩大影响，利用企业及其商品的声誉带动新品上市，促进销售。这种策略一般只适用于质量水平不存在差异的商品。如果企业营销的新品相互之间质量差异太大，则不宜采用这种策略。

（二）差异包装策略

它是指企业的各种商品都有自己独特的包装，在设计上采用不同的风格、色彩和材料。这种策略能避免因个别商品销售失败而对其他商品造成的影响，但会相应地增加包装设计和新商品促销的费用。

（三）组合包装策略

它是指在同一包装中放入相关联的若干商品。如把茶壶、茶杯、茶盘放在一起进行包装，装有各种规格的套筒扳手的工具箱，装有各种化妆品的化妆盒等。它便于顾客配套购买商品，既方便使用，也可扩大商品的销售。

（四）附赠品包装策略

它是指在包装物内附赠奖券、实物等。如在儿童用品中附赠玩具、卡片是最为流行的一种做法，也有利用包装物抽奖。同一商品同时采用正常包装与赠品包装等，这样可以提高购买频率，吸引顾客重复购买，也可以作为介绍新商品的手段。但要让顾客真正得到实惠，要能有效地对顾客产生刺激，切忌利用赠品宣传进行商业欺诈，这会严重损害企业的形象。

（五）再使用包装策略

它是指包装物里的商品用完后，包装容器还可以作其他用途，以此给予消费者额外的利益。如把盛装物品的袋子用作手提袋等。一方面使顾客得到了额外的使用价值，另一方面这些包装物在再使用过程中还能起到广告宣传的作用。但要注意适度，不能过分追求其他用途使价格过高，抑制消费者购买。

（六）等级包装策略

它指企业依据商品的不同档次、用途、营销对象等，采用不同的包装。如高档商品的包装要显得名贵精致，中低档商品的包装可稍为简略朴素，儿童商品的包装可用动物或卡通人物形象，老人使用的商品包装可简易实用，以此来迎合不同的消费者及不同收入水平者的心理要求。

（七）改变包装策略

它是指企业为克服现有包装的缺点，或者为吸引新顾客而改变商品现有的包装，采用更具吸引力的新式包装。在适当的时候改变商品包装，可重塑企业商品形象，能使顾客产生一种新奇的感觉，从而刺激需求，促进销售。采用新的包装材料、形式、技术，既可用于商品防伪，抑制仿造者伪造，又可体现现有商品的特点，体现消费新潮流，节省包装成本。这已被许多企业的实践证明是行之有效的一种策略。

（八）绿色包装策略

随着消费者环保意识的增强，绿色营销已成为企业营销的主流。因此，在设计商品包装时，选择可重复利用或可再生、易回收处理、对环境无污染的包装材料，更容易赢得消费者的好感和认同。

（九）个性化包装策略

个性化包装追求包装的造型、色彩、图案的个性化，以引起顾客的注意。同时通过个性化的包装赋予一定的象征意义，满足消费者的个性需求。

【学习互动】

请你从营销道德和营销伦理角度对下列论述进行分析，谈谈你的看法。

（1）对于那些质量不够稳定的商品和功能、性能、材质等差异较大的产品，可采用类似包装策略，以带动销售。

（2）对于高档、华贵的消费品，包装设计要突出商品的价值、造型与材质，图案要清晰、简洁、庄重、大方，同时要选用高档的包装材料，以此提高档次。

应用与实践

【营销道德与营销伦理】

背景资料：

商品不能过度包装

3 层包装拆开后只有 2 块饼干；一小捧果肉被分装在 9 个方盒子里；体积硕大的化妆品礼盒中仅放有 60 毫升精华液……

为节约资源保护环境、保护消费者权益，2022 年 5 月 24 日，市场监管总局（国家标准委）批准《限制商品过度包装要求 食品和化妆品》（GB 23350－2021）国家标准第 1 号修改单（以下简称《标准》），《标准》对月饼和粽子的规定自 2022 年 8 月 15 日起实施。

《标准》对月饼包装“瘦身”主要体现在四个方面：一是限制包装层数，要求月饼的包装层数最多不超过三层；二是压缩包装空隙，减少包装盒中不必要的空隙，避免“盒大饼小”；三是降低包装成本，对于销售价格在 100 元以上的月饼，将包装成本占销售价格的比例从 20% 调减为 15%，对于销售价格 100 元以下的月饼，包装成本占比保持 20% 不变，同时要求包装材料不得使用贵金属和红木材料；四是严格混装要求，月饼不应与其他产品混装。

问题：结合党的二十大报告中提出的“推动经济社会发展绿色化、低碳化是实现高质量发展的关键环节”，“实施全面节约战略，推进各类资源节约集约利用，加快构建废弃物循环利用体系”，分析商品过度包装存在哪些营销道德和营销伦理问题？

讨论分析：

个人：结合已经学习的内容和多种渠道收集的资料，试对上述实例中的问题作出你的营销道德和营销伦理分析，并说明你作出营销道德和营销伦理分析所依据的行业道德和伦理规范。

小组：同学们每四人分为一个小组进行讨论，一人记录，形成小组意见，准备在班级交流。

全班：各小组推选一位代表陈述本小组观点。

教师：记录各小组陈述要点，进行点评。

提示 4－3

【实践训练】

产品包装现状分析

1. 实践训练内容

选择三种不同包装的商品，通过市场调研按要求填写表 4－5 空格的内容。

表 4－5　　商品包装现状说明表

项　目	商品名称	商品包装状况说明	分析说明
包装适当			
过度包装			
有害包装			

2. 要求

（1）每4位同学为一组，两位同学负责调查一种包装情况的产品。

（2）认真学习有关产品包装方面的知识，熟悉包装作为整体产品一部分的相关资料。

（3）实地调查了解有关产品销售情况，询问相关人员，选择自己负责的商品，听取现场营销人员的评价。并把他们的说明记录下来。

（4）小组成员共同讨论，将调查了解的有关内容填写表4－5说明表。（各组选择商品不要重复）

（5）老师选3—5组同学在班级交流，并作点评。

任务4　熟悉销售服务策略

学习目标

素质目标：通过本任务知识的学习、导入案例和应用与实践训练，培养同学们在服务顾客时热情服务是营销活动的重要组成部分的意识，树立为顾客服务就是营销，而且是更重要的营销的意识。

知识目标：通过本任务知识的学习，能正确陈述产品销售服务及基本要求、产品销售服务的内容、产品销售服务的基本策略等陈述性知识。

能力目标：通过本任务的导入案例和应用与实践训练，能运用产品销售服务的相关知识。根据不同的产品提供不同的销售服务的能力和服务技巧。

导入案例

建立顾客档案

现在许多商场和饭店建立“顾客档案”的做法，给人留下了很深刻的印象。在某市，一家商场推出了大件商品回访制度，引来了大批的回头客。顾客凡购买大件商品，商场就为顾客建立档案，并在三个月内派专业人员回访了解使用情况，解决出现的问题，此后则每年回访一次。显然，它消除了消费者的后顾之忧，不仅真正体现了高超的服务意识，也是真正为自己赢得市场的最好办法。

在另外一个城市，一家饭店的促销手段也值得称道：友情追踪。把凡来过该店办过宴庆的顾客情况收集起来建成档案。每当顾客的喜庆日子来临，店家就送上贺卡、鲜花等礼物以示祝贺。于是，顾客对该店产生了好感，也心甘情愿地成为他们的“回头客”。

问题：这则案例的两个情景说明什么？对你有何启发？

［**提示：**服务是无止境的。在市场竞争日益激烈的今天，创“名牌服务”已成为摆在商家面前的一个非常现实而又十分紧迫的课题，能够提供完备的服务必将赢得更多的回头客。营销就是经营人心，营销的过程实际上是与人打交道的过程，人是有感情的，以诚待

人、以情感人是生意兴隆的关键因素之一。市场营销的最高境界就是赢得顾客的心，得人心者得顾客，得顾客者得市场。]

任务学习

随着科学技术的进步，产品技术越来越复杂，消费者对企业的依赖越来越大。在购买商品时，消费者不仅购买产品本身，而且希望得到可靠、周到的服务。企业的质量保证、服务承诺、服务态度和服务效率，已成为消费者判定产品质量、决定购买与否的一个重要条件。对于生产各种设备和耐用品消费品的企业，在提供高质量的有形商品的同时，提供售前、售中、售后等销售服务，对提高企业的竞争力显得更为重要。

商品在市场上的竞争能力，不仅取决于商品的质量、性能、包装等，在很大程度上还取决于商品的售前、售中、售后服务工作的内容。企业在销售有形商品的同时，还必须了解顾客心目中所期望的最好服务是什么，竞争对手所能提供的服务是什么，本企业销售服务的理念是否与顾客需求相吻合？只有企业与顾客所期望的服务水平基本相符，而且有独特的内容，才可能在服务方面形成差异化竞争优势。因此，企业必须重视销售服务工作，熟悉销售服务的内容，制定合适的销售服务策略。

一、销售服务的概念

销售服务，又称商品支持服务，是伴随着商品一起提供给顾客的附加利益。如果用商品的整体概念来理解，销售服务就是指整体商品中的延伸部分。销售服务的目的是使顾客在购买和使用商品的过程中，获得更大的效用和满足，商品越复杂，顾客对各种附加服务的依赖就越强，企业就越需要提供这类服务。

对许多商品而言，销售服务不是可有可无，而是商品的延伸和销售的继续，是保证全面满足顾客需求的重要组成部分。例如，空调企业在向市场提供空调商品时，必须向顾客提供上门安装服务、保证维修服务，提供使用说明书。缺乏这些服务，顾客或对空调的购买失去兴趣，或在使用的过程中遇到许多麻烦。

销售服务是提高企业声誉和商品竞争能力的重要手段。在现代的市场竞争中，核心产品和形式产品的差别越来越小，企业要想实现差别化，就必须在商品的销售服务上做文章，谁能为顾客提供最好的服务，谁就可以在竞争中获得优势。

【学习互动】

笔记本电脑在销售的过程中必须提供什么服务？请你从营销道德和营销伦理角度说说你的理解。

二、销售服务的内容

销售服务的内容非常广泛，视不同的企业、不同的商品各不相同。一般按商品营销服务的过程可分为售前服务、售中服务和售后服务。

（一）售前服务

售前服务是指通过研究消费者的心理，在顾客购买商品之前向顾客提供的服务。它包括：提供各种商品信息，提供技术咨询，为顾客介绍商品，根据顾客的不同需求，协助顾客挑选商品，提供各种必要的技术资料，迅速报价，容易联系等。其目的在于方便顾客，激发购买欲望，强化购买动机。

（二）售中服务

售中服务是指销售过程中为顾客提供的各种服务，即从与顾客洽谈生意、签订购销合同，到商品发运、货款结算全过程的服务。它包括：礼貌热情接待顾客，为顾客精心挑选商品，包装商品，操作示范表演等。其目的在于影响顾客的心理感受，增强顾客的信赖感，促成交易。

（三）售后服务

售后服务是指商品售出以后向顾客提供的各项服务。它包括：送货上门，对大件商品提供送货服务；安装调试，对大型设备、仪器仪表，到现场为顾客安装调试；提供维修，对技术性较强的商品，能否得到及时有效的维修，是影响购买的重要因素；及时提供零配件；质量三包，在保修期内，企业负责保修、包换、包退，必要时承担由此产生的经济损失；为顾客提供技术培训。其目的在于保证顾客所购商品使用价值的充分发挥，解除顾客的后顾之忧，提高顾客的满意度，以促使顾客重复购买。

三、销售服务策略

企业在提供商品的销售服务时，应该以顾客的需求为基本依据，认真分析商品的特点、竞争状况和自身实力，采取恰当的服务策略。

（一）热情周到策略

企业在提供服务时，应站在消费者的角度，从服务项目、服务水平、服务方式等方面，想消费者之所想，急消费者之所急，做到既热情周到，又尊重顾客。

从服务项目来看，各种不同的服务项目，对不同行业的消费者来说其重要性是不同的，如免费送货上门和维修服务对家居和电子计算机的购买者来说，重要性就有显著差别。企业需要通过调查，对消费者要求的服务项目，按重要性的大小进行排列，然后作出决定，在本商品消费者认为最重要的服务项目上使消费者得到充分的满意。对服务水平，一般情况下，较高的服务水平将使消费者得到较大的满足，因此就有较高的重复购买率。服务水平的高低，应视服务项目的重要性和消费者的要求区别对待。在服务方式上，应考虑固定服务、流动服务相结合的方式。

（二）回访用户策略

企业的营销服务人员或营销主管要经常回访用户，深入细致地了解消费者对企业产品和服务的意见、建议甚至抱怨，以利于进一步改进企业的营销活动和销售服务。

（三）质量保证策略

在提供销售服务的过程中，必须依据国家法律法规的要求，对消费者承诺的“三包”等其他保证真正兑现，绝不食言。这样将促使消费者放心地购买产品，有利于商品销售量的真正扩大。

（四）及时解难策略

及时解难策略主要指售后服务方面，即企业应抽调优秀的专业人员组建专门的服务机构，来履行商品的服务职能，保证随时随地或限时（如必须在24小时之内）解决消费者在使用过程中遇到的疑难问题或修理服务等。

（五）差异化服务策略

在服务的范围和质量上，形成与竞争者不同的特色，力求比竞争者更好、更快、更有效地满足消费者需求。差异化服务可体现在送货服务差异化、安装服务差异化、咨询服务差异化、培训服务差异化、维修服务差异化等方面。

应用与实践

【营销道德与营销伦理】

背景资料：

2019年的央视“3·15”晚会以“共治共享、放心消费”为主题，晚会曝光许多消费者都遇到过的维修被坑的现象，其中以家用电器售后服务人员形形色色的“欺骗手段”为主，聚焦了各种套路，西门子等品牌家电的售后服务商均上榜。

据报道，一般消费者家里不管是装电器，还是维修、保养，一个电话，服务人员就会上门进行维修。看似美好的售后服务，却存在许多猫腻。晚会揭露，不少特约维修中心的惯用伎俩：在免费安装新家电时，维修人员利用各种手段，高价推销配件辅材，赚取高额提成。

晚会举例，如西安腾辉家电服务公司负责灞桥区小天鹅家电售后服务，其中的一个洗衣机漏水维修订单，维修员一番检查后，发现是排水管破损了，滚筒并没有问题，却告知客户滚筒需更换，暗地里只把排水管换掉。维修成本不到40元钱，收费却高达400多元，这一明一暗的维修，维修人员能拿到200多元的提成。

宏瑞家用电器服务公司负责重庆市沙坪坝区惠而浦等多家品牌的家电初装和售后服务。维修人员以“房间地面不平，服务需要添加安装脚架进行调节”为理由，“欺骗”用户消费购买维修服务，向用户收取了180元，随后用户发现洗衣机标注的注意事项：尽量不要将洗衣机放置在各种台面或者支架上，避免出现震动大或移位等现象。这次维修，一个180元的脚架可以提成90元。

售后服务是消费者进行消费行为的一个重要环节。上门服务如同儿戏，维修人员靠蒙就能赚钱。对此，“3·15”晚会主持人总结道，服务可以转包，但服务质量不能打折，家电售后服务过程中的弊病最终损害的将会是品牌自己。

问题：本实例中存在哪些营销道德和营销伦理问题？

讨论分析：

个人：结合已经学习的内容和多种渠道收集的资料，试对上述实例中的问题作出你的营销道德和营销伦理分析，并说明你作出营销道德和营销伦理分析所依据的行业道德和伦理规范。

小组：同学们每四人分为一个小组进行讨论，一人记录，形成小组意见，准备在班级交流。

全班：各小组推选一位代表陈述本小组观点。

教师：记录各小组陈述要点，进行点评。

提示4－4

【实践训练】

产品销售服务现状调查

1. 实践训练内容

通过市场调研选择一个实体产品（有形产品）和一个有特色的服务产品（无形产品），按要求填写表4－6的内容。

表4－6　　产品销售服务现状调查情况说明表

项　目	售前服务	售中服务	售后服务
××企业 ××产品			
××企业 ××服务			

2. 要求

（1）每4位同学一组，2位同学负责调查整理一种产品或一项服务。

（2）认真学习有关销售服务方面的知识，收集典型销售服务事例（图书馆、网络）。

（3）实地到企业询问销售或售后人员，听取他们对服务活动的实际体验。了解相关产商品的服务情况。

（4）小组成员共同讨论，按表4－6的要求将调查了解的有关内容填入相应的空格，形成销售服务调查情况说明表。

（5）老师选3—5组整理的分析表在班级交流，并作点评。

思考与练习

1. 选择题

（1）产品整体概念包括（　　）三个层次。

A. 核心产品　　B. 形式产品

C. 延伸产品　　D. 附加产品

（2）在产品的市场生命周期中，销售量迅速增长的阶段是（　　）。

A. 投入期　　B. 成长期

C. 成熟期　　D. 衰退期

（3）化妆品、餐具等产品采用一个包装整体出售，这属于（　　）策略。

A. 类似包装　　B. 多种包装

C. 组合包装　　D. 新奇包装

（4）产品组合的深度是指（　　）。

A. 产品线的多少　　B. 产品项目的多少

C. 产品线的关联性　　D. 产品大类

(5) 企业增加产品线，扩大经营范围，这是指拓宽产品组合的（　　）。

A. 广度　　B. 深度

C. 关联性　　D. 前三者的总和

(6) 下面哪一种说法是正确的？（　　）

A. 产品生命周期是指产品的市场寿命、经济寿命

B. 任何一种产品都必须经历引入期、成长期、成熟期、衰退期

C. 某一产品在不同的市场所处的生命周期就不同

D. 市场营销学分析的主要是产品种类的生命周期

(7) 投入期广告宣传的重点应是（　　）。

A. 宣传产品的特色和性能　　B. 扩大产品的知名度

C. 提供完善的售后服务　　D. 增加打折的力度

(8) 延长产品生命周期的主要途径有（　　）。

A. 产品改革　　B. 市场改革

C. 营销组合改革　　D. 前三者的总和

(9) 企业以高价配合高强度的促销向市场推出新产品，这一策略可称为（　　）。

A. 快速渗透策略　　B. 缓慢渗透策略

C. 快速撇取策略　　D. 缓慢撇取策略

(10) 在制定产品组合策略时，加强产品组合的关联性可以（　　）。

A. 扩大经营范围，分散市场风险　　B. 满足特殊需求，提高市场占有率

C. 强化市场地位，提高企业声誉和知名度　　D. 实行多元化经营，提高竞争能力

2. 判断题

(1) 产品项目就是指密切相关的一组产品。（　　）

(2) 任何能满足人们某种需求和欲望的东西，都可以称为产品。（　　）

(3) 产品的市场生命周期是指产品的社会经济寿命。（　　）

(4) 任何产品都必须经历投入期、成长期、成熟期和衰退期。（　　）

(5) 由于包装的价值是构成产品价值的一部分，所以产品包装必须与产品本身的价值相符合。（　　）

(6) 从产品的整体概念来理解，销售服务就是指整体产品中的延伸部分。（　　）

(7) 谁拥有最先进的产品，谁就拥有市场。（　　）

(8) 产品延伸策略主要是针对产品的档次而言的。在原来的基础上，可以向上延伸、向下延伸、双向延伸。（　　）

(9) 进入衰退期的产品，企业承担的市场风险最大，必须果断放弃。（　　）

(10) 产品市场生命周期的长短，主要取决于企业的技术、资金、管理水平等因素。（　　）

项目四习题答案

项目五 PPT

项目五
价 格 策 略

任务1 熟悉企业定价程序

学习目标

素质目标：通过本任务知识的学习、导入案例和应用与实践训练，提升同学们对企业产品定价目标的确定要全面考虑社会、企业和顾客多方面的利益意识，在定价过程中自觉践行营销职业道德。

知识目标：通过本任务知识的学习，能正确陈述企业的定价目标、影响企业定价的内外部因素，定价的基本程序等陈述性知识。

能力目标：通过本任务的导入案例和应用与实践训练，能结合企业产品价格，理解企业定价目标，掌握定价的基本程序的能力。

导入案例

讨价的艺术

一家苹果公司的采购员来到果园，问："多少钱一斤?""8角。""6角行吗?"目前正是苹果刚上市的时候，这么多的买主，卖主显然不肯让步。"商量商量怎么样?""没什么好商量的。"

"不卖拉倒"，买卖双方不欢而散。

不久，又一家公司的采购员来到果园，见了果农，先递上一支香烟，问："多少钱一斤?""8角。""整筐卖多少钱?""整筐8角一斤。"卖主仍然不让步。

买主没有急于还价，而是不慌不忙地打开筐盖，拿起一个苹果在手里掂量着、端详着，不紧不慢地说："个头还可以，但颜色不够红，这样上市卖不上价呀。"

接着伸手往筐里掏，摸了一会儿摸出一个个头小的苹果："老板，你这一筐，表面是大的，筐底可藏着不少小的，这怎么算呢?"边说边继续在筐里摸着，一会儿，又摸出一个带伤的苹果："看！这里还有虫咬，也许是雹伤。您这苹果既不够红，又不够大，有的还有伤，无论如何算不上一级，勉强算二级就不错了。"

这时卖主沉不住气了，说话也和气了："您真的想要，那么，您还个价吧。"

"农民一年到头也不容易，给您6角钱吧。""那可太低了"，卖主有点着急，"您再添点吧，我就指望这些苹果过日子呢"。

"好吧，看您也是个老实人，交个朋友吧，6角5分钱一斤，我全包了。"

双方终于成交了。

问题：为什么第一个买主遭拒绝，而第二个买主却能以较低的价格成交？

［**提示：**在市场营销活动中，顾客的价格谈判能力和技巧对产品价格的形成有很大影响。一般情况下，顾客的价格谈判能力和技巧是众多因素综合作用的结果。这些因素有顾客购买数量的大小、产品的性质、顾客寻找替代品的可能性等。本案例中顾客具有娴熟的议价技巧，议价心理也把握得体，因而能以较低的价格成交。］

任务学习

价格是营销组合的第二大工具，也是营销组合中唯一能创造收益的因素，而其他因素都代表着成本。价格又是营销组合中最灵活的因素之一，购买者和营销者都特别关注价格，购买者所支付的价格决定了他们所做交易的价值，也决定了购买者对购买决策的满意度；营销者所制定的价格影响着他们能否收回成本和预期利润的大小。成功的营销指的是企业和消费者均满意，成功的价格指的是消费者认为商品或服务物有所值，而企业在销售商品和提供服务的同时也能获得利润。因此，确定商品的实际成本和消费者愿意支付的最高价格具有很大的难度，都有一个艰难的价格决策过程。

价格是市场营销过程中一个十分敏感而又难以有效控制的因素。定价不仅直接影响企业盈利目标的实现，而且直接关系到顾客对商品的接受程度。企业为了获得最佳的营销结果，通常需要仔细制定所售商品或服务的价格。

一、企业定价目标

所谓企业定价目标，是指企业希望通过价格手段的运用而达到的预期营销效果。由于市场营销环境和企业状况的不同，不同企业的定价目标会有所不同。一般来说，企业的定价目标有以下几种：

（一）以获取当前最高利润为定价目标

这是指企业的定价目标是获取目前能够从市场上获取的最高利润。这几乎是大多数企业的愿望。

追求最大利润并不追求最高价格。当一个企业的产品在市场上处于某种绝对优势地位时，如拥有专卖权或垄断地位等，固然可以实行高价策略，以获得超额利润，然而，由于市场竞争的结果任何企业要想在长时期内维持一个过高的价格几乎是不可能的，必然会受到来自各方面的影响。诸如需求减少、代用品加入、竞争者增多、消费者购买行为推迟，甚至会引起公众的不满而遭到政府的干预等。因此企业只能把追求最大利润作为一个长期的指导思想，同时选择一个适应当前环境的短期目标来确定实际价格。

（二）以提高市场占有率为定价目标

市场占有率是企业经营状况和产品竞争力状况的综合反映。较高的市场占有率可以保证企业产品的销路，便于掌握消费者的需求变化。所以企业一般尽量保持或提高市场占有率，并以此作为定价目标。

【学习互动】

有人说："价格越低市场占有率就越大。"这句话对吗？请你从营销道德和营销伦理角度说说你对这句话的理解。

（三）以实现预期的投资收益率为定价目标

预期的投资收益率即为利润相对投资总额的比率。企业对于所投入的资金，都期望在预期时间内分批收回。因此，定价时一般在总成本之外加上一定比例的预期盈利，以预期收益为定价目标。在产品成本不变的情况下，价格的高低往往取决于企业确定的投资收益率的大小。如果投资收益率低于同期银行存款利率，这种投资就是不划算的。

一般说来，只有企业在同行业中处于领导地位或是生产全新商品，受保护或没有竞争者的商品时，才适宜选用此种定价目标。否则定价太高会遭到用户排斥。

（四）以应对或防止竞争为定价目标

价格是市场竞争的重要手段，在激烈的市场竞争中，厂商的规模无论大小，对于竞争者的价格都很敏感。实力雄厚的大企业都能左右市场价格，为保持自己的市场地位往往以稳定商品的价格为主要目标。有时有意识地通过定价去应对和避免竞争，采取以击败竞争对手为目标，或阻止新的竞争对手的出现，往往采取低价倾销的手段力争独占市场，然后制定对企业有利的垄断价格。而实力弱的企业则紧随市场主导企业的价格或以此为参考，与其保持适当的差异。

（五）以维持企业生存为定价目标

维持生存的定价目标是企业处于不利环境中定价的一种特殊的过渡性目标，目的是使企业能够继续生存。当企业由于生产能力过剩、市场竞争激烈，或顾客需求发生变化，造成商品积压、资金周转困难，影响企业生存时，企业则给自己商品制定较低的价格，以求收回成本，使企业得以继续经营下去，这时生存比获利更重要，但这只能作为企业面临困境时的短期目标，一旦出现转机，马上选择其他的定价目标。

（六）以维持高品质商品形象为定价目标

维持高品质商品形象是指企业定价目标是维持市场上产品质量领导者的形象。采用这种定价目标企业必须制定高价，一方面使顾客产生优质商品的印象，另一方面收回优质商品生产和开发研究的高额费用。名牌产品多采用这种定价目标。

此外，企业还可确定以保证中间商合理利润、以保护生态环境等为定价目标。

【学习互动】

企业新推出的产品在生命周期的早期阶段，为迅速打开市场赢得顾客，应选择哪一种定价目标？

二、影响企业定价的因素

企业定价除了考虑定价目标外，还要考虑其他的影响因素。这些因素主要包括企业的内部因素和外部因素，如图 5－1 所示。

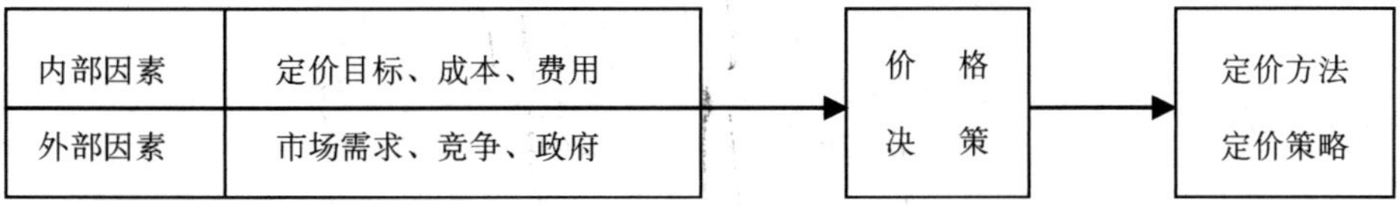

图 5－1　影响定价的因素

（一）成本费用

成本费用是商品价格的主要组成部分，也是定价的基础。产品成本包括制造成本、销售成本和储运成本等。企业为了保证再生产的实现，通过商品的销售既要收回成本，又要实现一定的利润。因此，成本是商品定价的最低限度。从长期来看，任何商品的价格都应高于所发生的成本费用，这样在生产经营过程中所发生的耗费才能从销售收入中得到补偿，企业才能获取利润。企业必须了解成本的具体构成及变化情况，努力降低成本，扩大销售，增加盈利。

（二）市场需求

市场需求是影响企业定价的重要因素。当商品价格高于某一水平时，将无人购买，因此市场需求是商品定价的上限。所以，企业在制定价格时，必须了解价格与需求的关系，需求价格弹性等因素。

1. 价格与需求的关系

一般地，市场需求随着产品价格的上升而减少，随着价格的下跌而增加，需求曲线是一条从左上方向右下方倾斜的曲线，如图 5－2 所示。

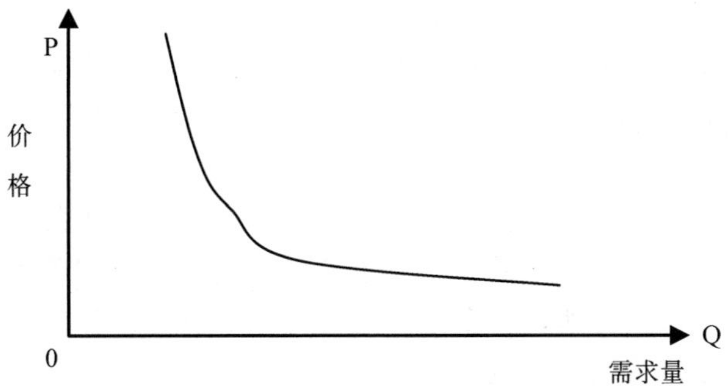

图 5－2　需求曲线示意图

需求曲线表明了价格与需求之间成反比关系，即价格下降，需求增加；价格上升，需求减少。但是也有一些产品，需求与价格之间呈同向变化的关系，如能代表一定的社会地位和身份的装饰品、显示其经济实力的标志性产品或有价值的收藏品等。

2. 需求价格弹性

价格的变动会影响市场需求，那么需求对价格的变动将作出多大的反应呢？这就必须了解需求价格弹性。

需求价格弹性，简称需求弹性，它是指价格变动而引起的需求相应变动的比率，反映需求变动对价格变动的敏感程度。需求弹性的大小一般依据需求弹性系数测定。需求弹性系数反映需求变动率与价格变动率的比值，用 $|E_P|$ 来表示，则：

$$需求弹性系数|E_P| = \frac{需求量变动的百分比}{价格变动的百分比} = \frac{\Delta Q/Q}{\Delta P/P} = \frac{\Delta Q}{\Delta P} \cdot \frac{P}{Q}$$

在上式中，P代表价格，ΔP代表价格变动量；Q代表需求量，ΔQ代表需求变动量。由于价格与需求反向变动，需求弹性系数小于零。为方便起见，常用绝对值来表示 E_P。

不同商品具有不同的需求价格弹性，对价格的制定影响很大。

（1）$E_P>1$，富于弹性。即需求的变动对价格的变动十分敏感，价格较小幅度地下降或上升，就可能引起需求量较大幅度地增加或减少。这种商品的需求是有弹性的，这时，应该降低价格，以刺激需求，实现薄利多销。

（2）$E_P<1$，缺乏弹性。即需求的变动对价格的变动不敏感，价格变动对需求的影响不大。这时，企业可以适当地提高商品的价格，增加企业的总收益。因为缺乏弹性的商品，降价会减少企业的收益。

（3）$E_P=1$，单一弹性。即需求的变动与价格的变动反向同幅度。价格下降10%，需求量就增加10%，对企业总收益影响不大。这时，企业应采取通行价格，来实现预期的利润。

（4）$E_P=0$，完全无弹性。即需求的变动对价格的变动一点都不敏感，价格的任意变化都不会引起需求量的变动。这时，可适当提价，当然，这也有个幅度问题。

（5）$E_P \to \infty$，完全有弹性。即需求的变动对价格的变动有无穷大的敏感性。这时，企业应综合考虑各种因素，努力使自己的商品以市场上的通行价格出售。

需求价格弹性的大小主要受商品的需求程度，商品的独特性和知名度，商品的替代性，商品的供求状况、购买时间等因素的影响。

在市场营销活动中，供需关系一定的情况下，消费者的议价能力对企业商品交易价格的形成有很大影响。

（三）市场竞争

企业的定价是一种竞争行为，任何一次价格的制定或调整均会引起竞争者的关注，并可能导致竞争者采取相应的对策。同时，竞争者的定价行为也会影响本企业商品的定价，迫使本企业作出相应的反应。所以，企业在定价时，必须考虑各个竞争者商品的质量和价格，利用它们作为自己定价的出发点。

（四）政府的法律、政策

所有国家的政府都有自己的经济政策，对市场价格的制定和调整也都有相应的限制和法律规定，如我国的《价格法》《反不正当竞争法》就对价格的制定作出种种限制。

三、企业定价程序

定价程序，是指企业对影响定价的诸多因素进行分析评估，并结合企业自身和商品的具体情况决定商品价格的一系列步骤。通常包括以下六步，如图5－3所示。

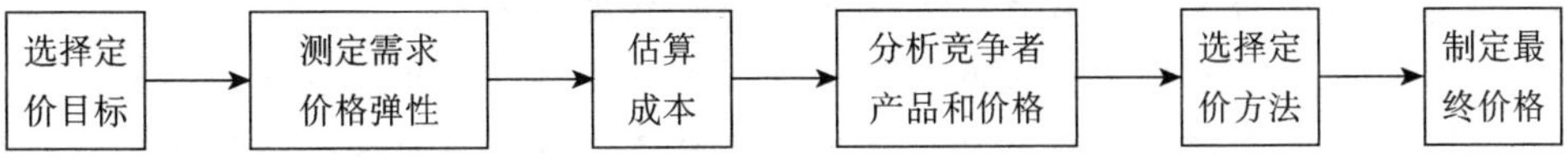

图5－3 企业定价基本程序

（一）选择定价目标

如前所述，定价目标是企业在定价时有意识要达到的目的。任何企业都不能孤立地制定价格，而必须按照企业的战略目标来制定价格。

（二）测定需求价格弹性

首先应调查了解市场需求结构，了解不同价格水平上人们的购买数量；其次分析需求的价格弹性。

（三）估算成本

产品成本一般分为两类，一类固定成本，另一类变动成本。固定成本包括厂房设备折旧费、房地租金、利息、办公费用、高级管理人员薪金等。这些费用不随生产和销售多少产品的变化而变化，即使未开工也必须负担。所以当产量等于零时，总成本等于固定成本。变动成本，是反映随产品的产量和市场投放量的变化而变动的成本，主要是生产和市场营销支出方面的费用，包括原料、燃料、工资、储存费用、运输费用、促销费用等。固定成本和变动成本之和为全部成本。

（四）分析竞争者的商品和价格

商品的最高价格取决于市场需求，最低价格取决于商品的总成本费用。在最高价格与最低价格的幅度内，企业究竟给商品定多高的价格，则取决于竞争对手的同种商品的价格水平。企业必须了解和研究竞争者的商品质量和价格，从而作为自己制定和调整价格的依据。

（五）选择定价策略和方法

企业通过对成本、供求状况、竞争环境等一系列因素的分析研究后，可采用适宜的定价策略和方法制定价格或调整价格。定价策略实质上是实现定价目标的思路和措施，定价方法是对产品价格进行计算或确定的方法，是将定价策略与具体价格水平联系起来的重要环节。实践中可供选择的定价方法大致有三种：成本导向定价法，需求导向定价法，竞争导向定价法。

（六）制定最终价格

在制定最终价格时还需要分析政府有关政策法规、企业的定价政策、消费者心理、企业的合作伙伴方面的意见，经过计算分析，最终确定商品价格。

应用与实践

【营销道德与营销伦理】

背景资料：

五元一瓶的矿泉水

很早之前，国内的居民都是靠井吃水，而现阶段，自来水已经满足不了居民的高质量生活需求，更多的人会选择桶装纯净水或者矿泉水，如今市场内各类的商品竞争也非常激烈。某矿泉水一瓶定价5元，旨在进军高端市场，结果如何？

入市初期，某矿泉水的定位过高，刚刚进入市场便将自己的定位放在了5元钱，把自己标榜成高档饮用水。随后，该矿泉水也发现了自己定价过高的这一个缺点，便开始大规模地降价，这一降价让原有的消费者很伤心，市场形势更加严峻，最终经营该矿泉水的企业亏损高达40亿元。

问题：本实例中存在哪些营销道德和营销伦理问题？

讨论分析：

个人：结合已经学习的内容和多种渠道收集的资料，试对上述实例中的问题作出你的营销道德和营销伦理分析，并说明你作出营销道德和营销伦理分析所依据的行业道德和伦理规范。

小组：同学们每四人分为一个小组进行讨论，一人记录，形成小组意见，准备在班级交流。

全班：各小组推选一位代表陈述本小组观点。

教师：记录各小组陈述要点，进行点评。

提示 5 - 1

【实践训练】

产品定价程序调查

1. 实践训练内容

你和你的朋友打算开一个小商店卖衣服和小饰品，小店的地址在一个比较高档的社区（或以某一社区类似商店为例完成实训任务），分析你对商品定价的考虑。从衣服和小饰品中各选一样商品，写出它的定价范围（最高价、最低价），然后计算商品的售价。描述你的定价目标，并解释你的商品的最终售价是如何得出的。

2. 要求

（1）每4位同学一组，完成本实训任务。

（2）认真学习有关企业定价目标，影响定价的内外部因素和企业定价程序的相关知识，收集企业定价方面的典型案例。

（3）实地到类似的小店了解同类产品的进价，销售过程中的费用项目及费用金额、产品售价的范围（最高售价、最低售价）。

（4）按照调查的资料，结合你所选产品的情况，把相关内容填入表5-1中。并上传到班级微信平台。

表5-1　产品定价程序实训表

产　品	定价目标	定价范围 最高/最低价	说明你得出最终售价的理由
××服装			
××饰品			

（5）教师选3个组调查结果，在班级交流，由老师作点评。

任务2　了解企业定价方法

学习目标

素质目标：通过本任务知识的学习、导入案例和应用与实践训练，培养同学们在产品定价的过程中自觉践行诚实守信的营销职业道德的意识，践行价格制定过程中公平竞争的法律法规的意识。

知识目标：通过本任务知识的学习，能正确陈述企业成本导向定价、需求导向定价、竞争导向定价方法等陈述性知识。

能力目标：通过本任务的导入案例分析和应用与实践训练，能结合企业经营的日常生活用品和生产资料，根据市场需求变化，会分析选择适宜的定价方法的专业能力。

导入案例

铲车公司的定价

某铲车公司是生产和销售大型铲车的一家公司，一般的铲车价格均在18万元左右，然而该公司卖20万元。当顾客上门询问为何公司的牵引机要贵2万元时，该公司的销售人员给顾客算了下面一笔账：

18万元，是与竞争者同一型号的机器价格；16000元，是产品更耐用多付的价格；8000元，是产品可靠性更好多付的价格；5000元，是公司服务更佳多付的价格；1000元，是保修期更长多付的价格；21万元，是上述总和的应付价格；1万元，是折扣；20万元，是最后价格。

铲车公司的经销人使客户相信，他们花18万元就能买到一台21万元的铲车，从长远来看，这种铲车的成本比一般牵引机的成本更低。

问题：铲车公司采取的这种定价方法对你有什么启发？你认为定价方法合理吗？

[**提示：**采用理解价值定价法，让顾客充分理解产品的价值，认识到物有所值，就会心服口服地接受并实施购买。]

任务学习

给产品制定最适合的价格是企业重要的营销活动。企业设定的价格应合理适中，价格太低，企业就无法赚取利润；价格太高，就可能抑制需求。商品成本确定了价格的最低限度，消费者对商品价值的看法确定了价格的最高限度，同时考虑竞争对手的价格以及其他的外部和内部因素，以便在这两极之间找到最适合的价格，这就必须要选择科学的定价方法。

企业定价是一项十分复杂而又技巧性很强的工作，任何企业都不能凭直觉随意定价，必须借助科学而行之有效的定价方法。

一、成本导向定价法

成本导向定价法，就是在产品成本的基础上，加上一定比例的利润而构成商品基本价格的定价方法。即以商品的成本作为定价的基本依据，定价时较少地考虑市场需求和竞争状况。具体包括：

（一）成本加成定价法

成本加成定价法是以商品的成本为基础，加上预期的利润，结合销售量等有关情况，确定商品的价格水平。其基本公式为：

P＝单位商品总成本×（1＋加成率）

上式中，P代表价格。

这种定价方法的关键，在于确定成本加成率。一般情况下，确定成本加成率大小的主要依据是商品的性质、特点、市场供求和商品的需求弹性。通常高档消费品或生产批量较小的商品，其成本加成率可大些；一般生活必需品或生产批量大的商品，成本加成率应小一些。

成本加成定价法是企业最基本、最普遍采用的定价方法。它的优点是计算简便易行，能保证企业获得预期的利润。缺点是忽视了市场需求的变化和竞争的影响，缺乏灵活性，而且它只是从卖方的角度来考虑，不一定切合实际。在商品销量与商品成本相对稳定，竞争不太激烈的情况下，可以采用。

（二）目标利润定价法

目标利润定价法也称投资收益率定价法。它是根据企业的总成本和估计的总销售量，加上按投资收益率制定的目标利润来制定价格的方法。这种方法计算价格时，先预计不同产量所发生的总成本，再加上单位商品的目标利润。其计算公式为：

P＝（总成本＋目标利润）/预计销售量

这种方法计算简便，可以保证企业实现既定的目标利润，使企业管理具有计划性，不足之处是没有考虑价格与需求之间的关系，忽略了竞争者产品的价格对企业产品销量的影响。如果在目标期内实际销量小于预期的销量，那么目标利润就很难实现。所以，这种方法适用于市场占有率较高或带有垄断性的商品。

（三）变动成本定价法

变动成本定价法又称边际成本定价法或边际贡献定价法。它是指计算价格时所依据的商品成本仅计算变动成本，而不计算固定成本，价格水平比正常定价低得多，可以刺激的销售量。只要价格或收益高于变动成本，企业就可获利，这部分收益弥补固定成本之后如仍有剩余，就形成企业的纯收入，否则将发生亏损。其计算公式为：

P＝（总的变动成本＋边际收益）/总产量

这种定价方法通常适用于两种情况：一是当商品积压时，企业如果坚持以总成本为基础定价，就难以为市场所接受，销售量会受到影响；二是订货不足，生产能力过剩，企业开工不足时，与其让厂房设备闲置，不如以变动成本定价的低价来扩大销售维持生存，同时，尽可能减少固定成本的亏损。所以在企业经营不景气、销售困难、生存比获利更重要或企业生产能力过剩时，只有降低售价才能扩大销售，就可以采用变动成本定价法。

【学习互动】

以下情况适应采用哪一种定价方法？

（1）小企业生产的标准化的、竞争性不强的产品；

（2）供不应求或处于市场有利地位的产品；

（3）供过于求或处于激烈竞争的产品。

二、需求导向定价法

需求导向定价法是以消费者对商品的价值感受和需求强度为依据来制定商品的价格。这是伴随着营销观念的更新而产生的新型的定价方法，面对商品供应的日益丰富和消费需求的不断变化，企业已经认识到，判定商品价格是否合理，最终并不取决于生产者或经销商，而是取决于消费者和用户。合理的定价，不仅使消费者获得了公平交易的满足，还应成为刺激消费者产生再次购买欲望的手段。所有这些都赋予了定价强烈的艺术性的特点，需求导向定价法正是定价艺术性的集中体现，其特点是具有较强的灵活性和适应性。具体包括以下三种定价方法：

（一）理解价值定价法

理解价值定价法又称认知价值定价法，就是根据目标顾客对商品价值的认知程度和感觉来确定价格，而不是依据产品的成本。因为消费者在购买商品时，总会在同类商品之间进行比较，选择那些既能满足其需求，又符合其支付标准的商品，当价格水平和消费者对商品价值的理解大体一致时，消费者就会顺利购买。例如，一位消费者在一小卖部喝一杯咖啡，吃一块点心要付 8 元，在饭店的咖啡厅，同样的东西需 16 元，如果送到饭店的房间里消费需 35 元，价格一级比一级高，并不是由成本的增加而导致的，而是由于附加的服务和环境气氛为商品增加了价值，消费者对商品的感受、理解不同所致。

理解价值定价法的关键是要正确地估计消费者的认知价值。如果估计过高，会导致定价过高，影响销售；如果估计过低，会导致定价过低，商品虽卖出去了，但影响收益。所以，为了加深消费者对商品价值的理解程度，提高其愿意支付的价格限度，企业在定价时，应首先搞好市场定位，突出商品特色，使消费者形成一种有利企业的价值认知。

【学习互动】

“只要有顾客能接受，商品的价格就可以一直提高。”请你从营销道德和营销伦理角度说说你对这一说法的理解。

（二）市场可销价格倒推法

也称反向定价法。即根据市场上同类产品的价格或消费者能够接受的销售价格，估算出本产品在市场的零售价，倒推出产品的批发价和出厂价，再同成本比较，最后定出价格。其计算公式为：

$$批发价=\frac{市场可销零售价}{1+批零差率}$$

$$出厂价=\frac{市场可销批发价}{1+进销差率}$$

$$或\qquad =市场可销批发价\times(1-进销差率)$$

市场可销价格的确定，可通过主观评价、市场调查或试销评估来确定。批零差率和进销差率一般可由买卖双方共同协商，按利润合理分配，或依据一般行情来确定。这种方法比较适合批发商和零售商采用。

（三）需求差异定价法

又称差别定价法，指在特定的条件下，同一商品或服务可按不同的价格出售。这种价格不一定完全反映成本的差异。而是以顾客需求差异为基础。这充分体现了定价的灵活性。差别定价法有以下几种形式：

1. 因消费者而异的需求差异定价

即对同一商品或服务，根据消费者不同的需求强度，制定不同的价格或不同的消费者在同一价格下，享受不同的配套服务。例如，有的公共交通工具对学生折让，对老人免票等。

2. 因商品形式而异的需求差异定价

即对同一商品，根据不同式样、花色、规格等，制定不同的价格，并且这种价格上的差异与成本差异不成比例。例如，式样新颖的服装比式样陈旧的服装定价可高些；同是汗衫，普通的可能卖20元，而文化衫可以卖到38元。

3. 因时间而异的需求差异定价

即同一种商品或服务，在不同的季节、不同的月份、不同的日子，甚至不同的钟点，制定不同的价格。例如，宾馆在旅游旺季和淡季的收费标准就不相同。

4. 因地点而异的需求差异定价

即企业为处于不同位置的商品或劳务制定不同的价格，即使它们的成本费用没有任何差异。例如，体育场前排和后排的票价就不相同，同样品牌的酒，在商店和饭店的价格也不一样。

采取需求差异定价法，应符合下列条件：一是市场能够细分，细分后的市场相互独立，互不干扰；二是市场中高价与低价竞争者不能并存；三是价格差异适度，不致引起消费者的反感。

三、竞争导向定价法

竞争导向定价法是以市场上相互竞争的同类商品的价格为依据，来确定自己商品的价格。具体包括：

（一）随行就市定价法

它又称通行价格定价法，它是以本行业的平均价格水平或本行业中占主导地位的企业的价格水平作为定价的基础。平均价格水平往往被认为是“合理价格”，容易被市场接受。同时，企业试图与竞争对手和平相处，避免恶性价格战所产生的风险，而且这种通行价格一般也能为企业带来适度的利润。这种定价方法主要适合商品差异较小的行业，如钢材、粮食、其他原材料或高度竞争型市场。

（二）竞争价格定价法

竞争价格定价法是一种主动竞争的定价方法。指企业根据本企业的实际情况及与竞争对手的商品差异状况，以高于或低于竞争者的价格来出售商品。采用这种定价方法，首先要了解竞争对手的价格策略，其次把本企业的商品与竞争对手的商品进行分析、比较，找出本企业商品所具有的优势，作为制定主动出击价格的依据，最后根据上述的竞争环境和条件，制定出本企业产品的价格。一般为实力雄厚或商品独具特色的企业所采用。

（三）密封投标定价法

大宗物资采购、工程项目承包、仪器设备采购、矿产能源开发等大都采用招标和投标的交易方式。投标价格是投标者根据竞争者的报价估计确定的，而不是按照自己的成本费用确定的。

投标定价法的另一种形式是拍卖定价法。它是指预先展示所出售的商品，在一定的时间和地点，按一定的规则，由买主公开叫价的方式，引导购买者报价，利用买方竞购的心理，从中选择最高价格成交。这种方法具有竞争公开、出价迅速、交易简便的特点，现仍流行于世界各地，尤其在出售文物、古董、珍品、高级艺术品、房产等商品时多采用此法。

【学习互动】

我国图书的定价属于何种定价方法？北京故宫博物院的门票，成人票 60 元/人，学生票 20 元/人，这采用了哪种定价方法？

应用与实践

【营销道德与营销伦理】

背景资料：

“免费核酸”体现温情

核酸检测是防范新冠疫情的有效方法，其检测的费用也从最初的 200 元降低到 10 多元，10 人混检只需 5 元，但由于频繁地检测核酸次数，累积起来对部分个体而言也是一笔不小的额外支出。各地政府为实现疫情动态清零目标，全国已经有多个地区陆续实施核酸免费，愿检尽检。

这样的“温情”更体现在不遗忘任何一个社会群体。无论是返乡大学生的“免费隔离”，还是部分地区的全民“免费核酸”，既体现了我国对疫情防控工作的担当，也体现了对人民群众的关爱。

问题：核酸检测是一种企业行为，但是国家购买了这种服务，为全民“免费核酸”检测，谈谈“免费核酸”对你的启发？

讨论分析：

个人：结合已经学习的内容和多种渠道收集的资料，试对上述实例中的问题作出你的分析，并说明你作出分析所依据的社会标准和规范。

小组：同学们每四人分为一个小组进行讨论，一人记录，形成小组意见，准备在班级交流。

全班：各小组推选一位代表陈述本小组观点。

教师：记录各小组陈述要点，进行点评。

【实践训练】

商品定价方法调查

1. 实践训练内容

调查了解不同的生产者和经营者，他们采取什么样的定价方法，并简要分析说明采用该种定价方法的原因。

2. 要求

（1）每6位同学为一组，完成本实训任务（两人负责一种方法）。

（2）调查了解每种方法在实践中应用实例，按要求填入表5－2，并上传到班级微信平台。

表5－2　产品定价方法调查表

大类方法	具体方法	产品定价实例	分析说明
成本导向定价法	成本加成定价法		
	目标利润定价法		
	变动成本定价法		
需求导向定价法	理解价值定价法		
	市场可销价格倒推法		
	需求差异定价法		
竞争导向定价法	随行就市定价法		
	竞争价格定价法		
	密封投标定价法		

（3）认真学习有关企业定价方法的具体内容。

（4）老师选择3个组的调查结果，在班级交流，由老师做点评。

任务3　学习企业定价策略

学习目标

素质目标：通过本任务知识的学习、导入案例和应用与实践训练，培养同学们在制定产品价格的过程中，能自觉践行价格制定中的营销职业道德和营销伦理、国家有关价格制定的法律法规的意识。

知识目标：通过本任务知识的学习，能正确陈述企业新产品定价策略、折扣和让价策略、心理定价策略、促销定价策略、产品组合定价策略等基本知识。

能力目标：通过本任务的导入案例分析和应用与实践训练，培养同学们能结合企业产品的实际定价情况，从多个角度分析企业的定价策略的专业能力。

导入案例

折让策略的运用

某服装店制定了一个打折方案。他们首先定出一个打折的期限，第一天打9折，第二天打8折，第三、四天打7折，第五天打6折，以此类推，第十天打3折，后两天打1折。顾客只要在打折销售期间选定自己喜欢的任何一天去购买，都可享受到相应的折扣和优惠。结果第一天、第二天来的顾客不是很多，第三天就开始成群结队地来到商店，第五天打6折时客人就像潮水般地涌来抢购，以后就连日顾客爆满。还没到最后一天，所有商品就被顾客买光了。

问题：本案例对你有何启发？这家服装店运用这一打折方案成功吗？

［**提示：**采用折让销售是商场为了尽快清理库存、收回货款，或者应对竞争对手、减少损失而经常采用的一种方法。这种方法必须要根据商品特点、竞争状况、企业经营能力等而综合考虑，来决定折让策略的时间和折让的幅度，才能收到预期的效果。］

任务学习

企业运用不同的定价方法确定了商品的基本价格后，还要根据市场环境、商品特点、消费心理、销售条件等，运用灵活的定价策略和技巧，对商品的基本价格进行调整和修正，从而使企业的定价更具有灵活性和艺术性，以促进销售，增加盈利。

在实际营销活动中，每个企业的营销人员在给自己的商品定价时必须要讲究一定的策略和技巧。

一、折扣和让价策略

企业为了鼓励顾客的某些行为，如提早付款，批量购买，会对基本价格进行修订，实行价格折扣和折让，以适应消费者的偏好和需求情况变动，充分体现定价的灵活性。主要有以下几种方式：

（一）现金折扣

即对按约定日期付款或提前付款的顾客给予一定的价格折扣，其目的在于鼓励顾客提前支付货款，加速资金周转，减少呆账风险。这是国际上十分流行的一种价格策略，典型的折扣条件是“2/10，net30天”，表示付款期30天，如果顾客能在10天内付款，则给予2%的折扣。现金折扣率一般应高于银行同期贷款利率，否则，买主宁愿采用延期付款的方法。

（二）数量折扣

数量折扣是企业给那些大量购买某种商品的消费者的一种减价，以鼓励消费者购买更多的货物。一般来说，购买数量越大，折扣幅度越大。

数量折扣分为累计数量折扣和非累计数量折扣。累计数量折扣，即规定消费者在一定的时间内购买商品累计达到一定数量和金额时，按总量大小给予不同的折扣，其目的在于鼓励消费者经常购买本企业的商品，建立一种长期的购买合作关系。如一旅客在一年中累计乘坐飞机旅行超过 10000 公里，每次购买机票时按基本价格结算票款，到年终，航空公司免费赠送旅客一张 2000 公里以内的机票一张。非累计数量折扣，即按消费者每次购买产品数量和金额的多少给予不同的折扣，购买越多，折扣越大，其目的在于鼓励消费者进行一次性的大量购买，便于企业大批量地生产和销售。如购买 100 件以上按基本价格的 95% 收款，购买 200 件以上按 93% 收款。

（三）交易折扣

交易折扣又叫功能折扣，职能折扣。它是指企业对处于不同渠道的中间商或同一渠道中不同环节的中间商，按其在渠道中所发挥的功能，承担的风险给予不同的折扣。目的在于鼓励各类中间商充分发挥其潜在功能，调动各类中间商的积极性，取得渠道最佳的使用效果。

（四）季节折扣

季节折扣又称季节差价，是企业给那些非旺季购买季节性强的商品或服务的顾客提供的一种减价，使企业的生产和销售在一年四季保持相对稳定。生产厂商利用这种折扣鼓励批发商、零售商提早进货，从而使自己获得资金和维持稳定的生产。例如，某些旅游景点为了在旅游淡季吸引游客，对景点门票或旅店房间租金打折，采用季节折扣的策略。

（五）推广让价

推广让价是指中间商替制造商进行产品促销活动时，制造商给予中间商一定的津贴。例如，零售商为制造商的产品在当地的报刊上做广告、开辟专门的橱窗陈列某制造商的产品，为制造商的产品举办展销会等，制造商应给予一定的补贴。其具体做法多种多样，可以支付一部分广告费，或在货价上给予减让，或免费供应一部分产品等。

【学习互动】

实行折扣定价时，对批发商、零售商的折扣一样吗？折让策略的实行，对中小企业来说是一种公平竞争吗？请你从营销道德和营销伦理角度说说你的理解。

二、心理定价策略

微课：价格与消费心理

企业在给产品定价时，一方面要从经济的角度考虑定价，另一方面还要根据消费者的购买动机和心理感受来制定价格。主要有以下几种：

（一）尾数定价策略

尾数定价又称奇数定价，是指对多数日用品或低档商品，在定价时保留价格尾数，以零头数来标价。如定 9.95 元，而不定 10 元，使价格与整数有一定的差额，并保留在较低一级档次。这是根据消费者求实、求廉的心理，使消费者感觉价格低廉。但它一般只适用于价格较低的产品，其尾数一般使用奇数，效果更好。

（二）整数定价策略

对一些高档耐用的消费品，特别是一些消费者不太了解的商品，消费者往往以价格高低来衡量产品质量的优劣。对这些商品，企业在定价时，合零凑整，采用整数定价，利用“一分钱一分货”和方便快速的心理，使价格上升到较高一级档次。如一台电视机标价 2500 元，而不标价 2498 元，这样反而会增加顾客的购买欲望。

（三）如意定价策略

如意定价是根据消费者追求吉利、好兆头的心理，在定价时加以适当利用的定价策略。如采用一些吉祥的数字来给商品标价，如“8”“9”“6”或偶数，以及 888 元（发发发）、188 元（一路发）等，往往能收到较好的效果。但要注意不同地区、不同民族有不同的方言、习俗，灵活运用这一策略。

（四）声望定价策略

企业利用消费者仰慕名牌和“价高质必优”的心理，对在消费者心目中享有声望的商品制定较高的价格，如一些名牌商品（名表、名车）、有名望的商店（老字号）、标志性的高级消费品（钻石、香水、精美瓷器、水晶、珍珠等），价格定得都较高。一方面显示商品的档次和企业的声望，另一方面又迎合了消费者的求名心理，满足较高收入消费者的需要。

（五）招徕定价策略

也称特价品定价。即企业利用消费者的求廉心理，在一定时期内，有意识地将某几种商品的价格定得特别低，以招徕顾客，借以带动和扩大其他正常价格商品的销售。现在，一些超级市场和专卖店几乎天天都有“特价”“惊爆价”“减价”等商品，就是这种策略的运用。

（六）习惯定价策略

有些商品在顾客心目中已经形成了一个习惯价格，符合其标准的价格就会被顺利接受，偏离其标准的价格则会引起疑惑。因此，对这类商品，企业在定价时要按照消费者已经形成的习惯心理，力求维持产品价格不变，避免价格波动带来不必要的麻烦。当必须变价时，应同时改变包装或品牌，避开习惯价格对新价格的影响，引导消费者逐步形成新的习惯价格。

三、促销定价策略

促销定价是指企业在某些情况下临时把价格定得低于目录价格，甚至低于成本，以促进销售。促销定价的形式有：

（一）特价品定价

也即招徕定价，见前述心理定价策略。

（二）特别事件定价

企业利用某个特定的时间或场合、某种特别的节日或某些重要的社会活动日，将价格大幅度地降低，以吸引顾客，如开业庆典、周年纪念、“六一”国际儿童节“三八”国际劳动妇女节；一些商店利用寒暑假开学前的时机，降低学习用品的价格，吸引学生购买。

（三）现金回扣

有些制造商在特定的时间内向顾客提供现金回扣，以刺激他们购买本企业商品，达到清理存货的目的。

（四）心理折扣

企业开始时给商品制定很高的价格，然后大幅度降价出售。如标出“原价××元，现价××元”。采取这种方式，不得违反有关价格法规，如虚增原价、所标原价无根据或所标原价非本次降价前的售价等。

应用与实践

【营销道德与营销伦理】

背景资料：

一根挂绳，苹果官网标价98元

2022年9月的苹果秋季发布会上，苹果发布一堆新品，最便宜的产品是来自第三方品牌的Incase挂绳，售价98元。官方介绍称，这根挂绳长23.5厘米，重4.54克，适用于AirPods Pro 2。可将柔软的编织绳像手环一样戴在腕上，也可用自带的卡夹将挂绳固定在背包或手提包上。对于这根挂绳，各路网友也是开启了调侃模式：“他明明可以直接抢我98元，却还送我一根绳”“这不是一般的绳，这是智商检测绳”。

问题：本实例中存在哪些营销道德和营销伦理问题？

讨论分析：

个人：结合已经学习的内容和多种渠道收集的资料，试对上述实例中的问题作出你的营销道德和营销伦理分析，并说明你作出营销道德和营销伦理分析所依据的行业道德和伦理规范。

小组：同学们每四人分为一个小组进行讨论，一人记录，形成小组意见，准备在班级交流。

全班：各小组推选一位代表陈述本小组观点。

教师：记录各小组陈述要点，进行点评。

提示5-3

【实践训练】

定价策略调查

1. 实践训练内容

请同学们到市场上调查了解企业具体的定价策略，并对企业采用不同定价策略作简要的说明。

2. 要求

（1）每6位同学一组，共同完成本实训任务（每两人负责一个大类）。

（2）认真学习有关定价策略的相关知识。

（3）从实践中收集企业运用定价策略的实际案例。

（4）将调查实例和分析内容填入表5－3，并把调查表上传到班级微信群。

表5－3　　产品定价策略调查表

大类	定价策略（每类中任选三种定价策略）	定价实例（列出具体的商品）	分析说明（该种商品定价策略的内容）
折扣和折让策略	现金折扣 数量折扣 交易折扣 季节折扣 推广折扣		
心理定价策略	尾数定价 整数定价 如意定价 声望定价 招徕定价 习惯定价		
促销定价策略	特价品定价 特别事件定价 现金回扣 心理折扣		

（5）教师选3个组的调查结果在班级交流，并进行点评。

思考与练习

1. 选择题

（1）市场需求弹性较大的商品，定价时适当（　　），可以增加总收入。

A. 提高价格　　B. 降低价格

C. 保持价格不变　　D. 先高后低

（2）现在许多商场、超市经常推出“特价”“惊爆价”商品，这属于（　　）策略。

A. 现金折扣　　B. 招徕定价

C. 渗透定价　　D. 习惯定价

（3）以维持或提高市场占有率为定价目标的企业，通常为其产品制定（　　）。

A. 高价格　　B. 低价格

C. 市场价　　D. 保本价格

（4）投标定价法的另一种形式是（　　）。

A. 招标定价法　　B. 投标定价法

C. 拍卖定价法　　D. 竞争定价法

(5) 为了与顾客建立长期的购买合作关系，企业应实行（　　）。

A. 累计数量折扣　　B. 非累计数量折扣

C. 季节折扣　　D. 现金折扣

(6) 竞争导向定价法具体包括（　　）。

A. 随行就市定价法　　B. 竞争价格定价法

C. 可销价格倒退法　　D. 密封投标定价法

(7) 比较稳健的定价目标是（　　）。

A. 以避免竞争为定价目标　　B. 以提高市场占有率为定价目标

C. 以维持形象为定价目标　　D. 以获取最大利润为定价目标

2. 判断题

(1) 定价既是一门科学，也是一门艺术。（　　）

(2) 要追求利润的最大化，就一定要给商品制定最高价。（　　）

(3) 价格与需求之间的关系是反比关系。（　　）

(4) 市场供求是影响商品定价的重要因素。（　　）

(5) 要想打败竞争对手，就一定要给商品定最低价。（　　）

(6) 成本导向定价法简单易行，适合所有的商品。（　　）

(7) 成本是产品定价的最低限度，需求是商品定价的最高限度。（　　）

项目五习题答案

项目六 PPT

项目六
渠　道　策　略

任务1　认知分销渠道

学习目标

素质目标：通过本任务知识的学习、导入案例和应用与实践训练，培养同学们在渠道运用和渠道合作中的营销道德和营销伦理的意识。

知识目标：通过本任务知识的学习，能正确陈述分销渠道及功能，分销渠道模式分销渠道的基本模式等陈述性知识。

能力目标：通过本任务的导入案例和应用与实践训练，培养同学们能结合企业产品的进货渠道和销售渠道分析企业渠道结构和渠道类型的专业能力。

导入案例

不同档次的酒不同的分销渠道

某白酒企业生产中高档酒，共有3个档次，100元左右、200元左右和500元左右。产品在刚开始进入市场时，只做酒店，渠道单一，白酒销售很不理想。后来经过调研分析，企业决策层形成共识——仅仅一个渠道对于一个品牌的成长是远远不够的。单渠道只可以是发展过程中的一个阶段，任何一个品牌想要在区域市场站稳脚跟都必须是多渠道铺货。虽然说中高档白酒的主要销售渠道是酒店，但是批发渠道还是具有一定的生命力和价值。另外，终端卖场的作用日益突出。该企业根据市场情况采取了先进入餐饮渠道，在获得消费者认可之后，再进入商场、超市渠道，然后进入批零渠道。经过两年的渠道调整与维护，销售红火起来。

问题：(1)“分销渠道层次越多，越难控制”，是否说明分销渠道层次越少越好？

(2) 你对该白酒企业的分销渠道策略有何评价？

[**提示：**渠道层次的多少，主要由商品的消费地区范围和消费对象的多少决定的，商

品的性质也会影响渠道层次的多少。一般来说，商品的消费地区面向广泛，消费对象众多，商品的使用价值在相对长时间内不会发生变化，一般渠道层次就可多些，否则就少些。工业品分销如大多数机器设备、零部件采用直接渠道多，日用消费品大多采用间接渠道分销。]

任务学习

产品和劳务只有到达消费者或用户手中，才是现实的消费品。在市场经济条件下，产品在流通领域的这种运动，是依赖一系列的买卖活动转移其所有权来实现的，担负这一职能的就是市场分销渠道。产品只有通过一定的渠道，才能在适当的时间、地点，以适当的价格供应给广大的消费者和用户。而将生产者手中的产品运到消费者能够买得到的地点并不容易，这中间开销大，耗费时间，所以尽管目前的商业行为更侧重于销售活动，但有效的分销仍然是提高消费者满意度和销售利润的重要因素。营销中最复杂最具挑战性的环节就是分销，分销是生产和消费契合的关键点。通过分销将有价值的商品带给消费者时，很少是一个企业独立完成的，大多数企业只是供应链或分销链条中的一个环节。正因为这样，分销效率不仅取决于企业自身，还有赖于整个分销过程中的渠道成员及与竞争对手的分销渠道相比是否占优势。

一、分销渠道的概念和职能

（一）分销渠道的概念

分销渠道是指产品从生产者向消费者或用户转移的过程中所经过的一整套机构或途径。在现代社会中，大部分生产企业并不是把产品直接销售给最终的消费者或用户，而是借助一系列中间商的买卖活动来实现的。所以，分销渠道的起点是生产者，终点是消费者和用户，中间环节包括批发商、零售商、代理商以及储运商等，由它们构成了产品的分销渠道，如图6-1所示。从生产者到最终的消费者和用户，任何一组相关联的市场营销机构叫作一条分销渠道。分销渠道也可理解为产品从生产领域经中间商转移到消费领域的市场营销活动。

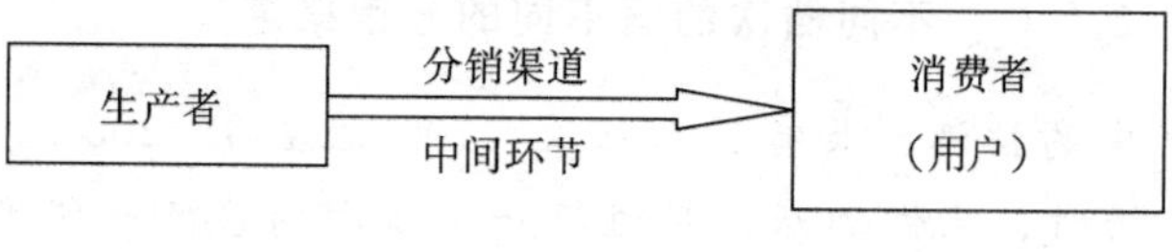

图6-1 分销渠道示意图

（二）分销渠道的职能

1. 联结产销

分销渠道一头连着生产，一头连着消费，它就像一座桥梁，把生产者和消费者联结在一起，使产品供应和消费之间在时间、地点和所有权等方面的差异得以消除。

2. 沟通信息

为了保证商品的适销对路和有效流动，分销渠道必然时刻努力搜集、传播和反馈各类信息，了解现实和潜在的商品销售情况，市场供求的变化，消费者、竞争者及其他市场要素的动态信息等。

3. 促进销售

分销渠道中的中间商以转移商品为基本业务，因此，在经营过程中，会努力地将有关企业商品的信息通过各种促销方式传播给目标消费者和用户，以刺激需求，扩大商品销售量。

4. 风险负担

分销渠道成员在商品流转过程中，由于大量集散商品，承担商品供求变化、自然灾害、价格下跌等风险。

5. 实体分配

商品在实现空间转移时，渠道成员负责货物的运输、仓储及信息处理等具体活动，从而使商品高效、适时地到达消费者的手中。

6. 协商谈判

渠道成员在实现产品所有权转移的过程中，要就商品的价格、付款方式、促销费用、订货和交货条件等问题进行协商谈判，才能保证顺利成交。

分销渠道除了上述主要功能外，还具有减少交易次数、降低流通费用、集中平衡和扩散商品、分级分等、提供服务等作用。因此，企业在市场营销中，必须科学地选择和培育分销渠道，合理设置中间环节，充分发挥分销渠道的作用，实现货畅其流。

二、分销渠道的模式

在现实经济生活中，商品从生产领域进入消费领域有多种途径，而且不同行业、不同商品的分销渠道往往不同。

（一）消费品分销渠道模式

消费品由于其消费者的分散性，一般要经过零售环节。消费品的分销模式归纳起来有以下五种，如图 6 – 2 所示。

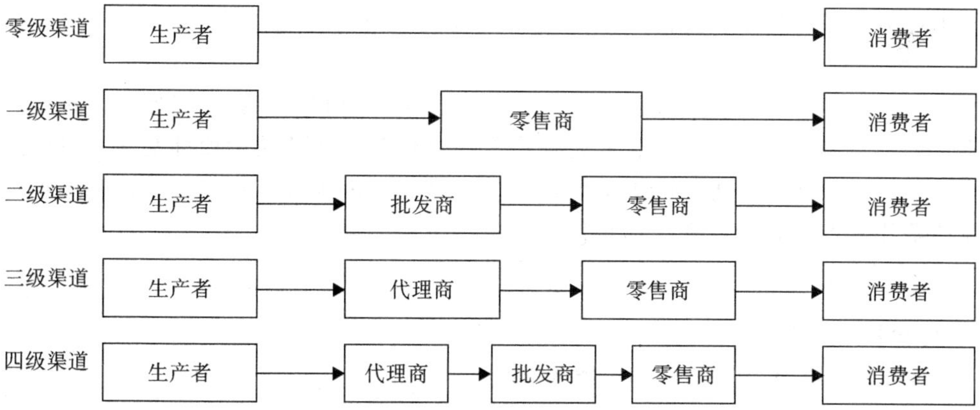

图 6 – 2　消费品分销渠道模式示意图

（二）工业品分销渠道模式

工业品分销渠道的基本要求是环节尽量少，渠道尽量短，主要有以下几种分销模式，如图 6 – 3 所示。

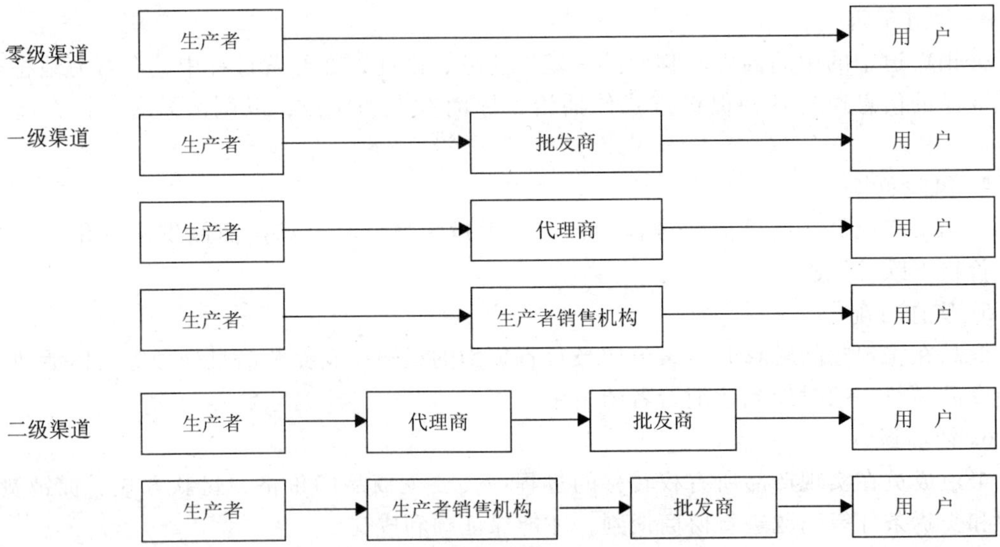

图 6－3 工业品分销渠道模式示意图

从图 6－2、图 6－3 可以归纳分销渠道的模式有以下几种：

1. 零级渠道

它是由生产者直接将产品销售给消费者或用户的一种渠道模式，如上门推销、邮寄销售、网上直销和生产者自设商店销售等。

2. 一级渠道

它包括一种类型的中间商，即只经过一个中间环节。在消费品市场通常是零售商，在工业品市场则可能是代理商或批发商。

3. 二级渠道

它包括两种类型的中间商，经过两个中间环节。在消费品市场通常是批发商和零售商，在工业品市场可能是代理商（生产者销售机构）与批发商。

4. 三级渠道

经过三个中间环节。在消费品市场，一般是在批发商和零售商之间加入中转商，解决大量批发与零星销售之间的矛盾，或是生产者通过代理商将产品卖给批发商和零售商。

当然，还有层次环节更多的渠道模式，但不多见。因为环节越多，管理越困难，并将导致流通费用和产品售价过高、信息传递不灵等不良后果。

【学习互动】

运输公司、仓储公司是不是渠道成员？

三、分销渠道的类型

（一）按是否使用中间环节，可以分为直接渠道与间接渠道

1. 直接渠道

生产者将产品直接销售给消费者或用户，不经过中间环节，属直接渠道，也即零级渠

道。直接渠道是工业品分销的主要类型，绝大多数机器设备、原材料和零件、部件都是采用直接销售的形式。在消费品市场上，也有不少商品采用了直接渠道，饮食店、糕点店大多采用直接销售方式销售自己的产品。

2. 间接渠道

在生产者与消费者或用户之间有中间机构加入，商品销售要经过一个或多个中间环节，属于间接渠道，包括一级渠道、二级渠道、三级渠道等。目前市场上绝大多数的消费品都是通过间接渠道销售给最终的消费者或用户的。中间商的介入，将起到调节产销矛盾、提高分销效率的作用。

（二）按使用中间环节的多少，可以分为长渠道与短渠道

如果有中间商加入，经过一个中间环节的，叫短渠道；经过两个或两个以上中间环节的，叫长渠道。

分销渠道的长与短只是相对而言的，仅为形式的不同而已，并不决定它们的孰优孰劣。所以渠道长短的选择，关键是要适合商品的特点，权衡利弊，“取长补短”。一般情况下，价格较高的家用电器、个人电脑、名牌服装、汽车和其他贵重商品等，可采用短渠道；绝大多数日用品、食品饮料、普通服装、小型家用电器、标准零配件等，可通过长渠道销售。

（三）按各环节使用同种类型中间商数目的多少，可以分为宽渠道与窄渠道

分销渠道的宽窄取决于渠道的每个层次（环节）中使用同种类型中间商数目的多少。如果生产者利用许多的批发商和零售商来分销产品，这种渠道就是宽渠道；反之，如果只通过很少的专业批发商推销其商品，甚至在某一地区只授权给一家中间商总经销，这种渠道就较窄或很窄。确定中间商数目时，有三种可供选择的战略：

1. 广泛分销

也称密集分销或普遍分销，指生产者利用尽可能多的中间商销售自己的商品，使广大消费者都能及时、方便地买到所需商品。比较适合消费品中的便利品（饮料、牙膏、洗衣粉、报纸等）和工业品中的一般原材料、小五金、小工具等及不宜长期存放的商品（鲜花、水果、肉制品、鲜奶）等。

2. 选择分销

这是指生产者在一定的市场区域内选择一些愿意合作且条件较好的中间商来销售自己的商品，借以提高产品形象，加强推销力度，增加商品购买率。这种策略适用于所有商品，但相对来说，对于消费品中的选购品（服装、鞋帽、家电等）和工业品中的零配件更合适。

3. 独家分销

这是指生产者在一定的地区内只选择一家中间商销售自己的产品，独家买卖。通常经双方协商签订独家经营合同，规定在该地区内中间商不得再经营竞争性的商品，生产者也不得再向其他中间商供货。这种策略主要适用于特异商品（专利技术、专门用户、品牌优势等），如钢琴、轿车、钻石饰品，相当多的工业用品如钢材、化工原料、建材、机器设备等的销售采用的就是独家分销策略。

（四）按采用分销渠道的多少，可以分为单渠道系统和多渠道系统

单渠道系统是指生产者只通过一条分销渠道销售产品，多渠道系统（复式渠道或混合渠道）是指企业对同一或不同细分市场，同时采用多条渠道的分销体系，并对每条渠道或至少对其中一条渠道拥有较大控制权。

在产品分销中，越来越多的企业乐于采用复式渠道。因为这种渠道形式能有效地扩大市场面，增加竞争力。例如，许多家电产品的分销，既采用直接渠道（通过建立自己的销售机构或专卖店），又同时采用间接渠道（通过百货公司、大型家电零售连锁店、大型超市等）来销售产品。采用复式分销渠道，较单一渠道增加了企业对渠道管理控制的难度，也容易造成市场混乱，因此必须加强管理，注意协调、处理各渠道间的关系，最大限度减少利益冲突。

【学习互动】

某县生产的一种特色水果，希望通过拼多多进入市场。请你从营销道德和营销伦理角度谈谈采用这种渠道应该注意哪些问题？

应用与实践

【营销道德与营销伦理】

背景资料：

服装“洋垃圾”瞄准印度

“外贸尾单直销，物美价廉实惠”“代生产加工，衣服有小瑕疵，但绝对正品”“大牌尾货仅此一件”。喜欢逛所谓网络“外贸店”，或者爱去地摊上“淘衣服”的人，是不是对以上的商家广告、说辞很眼熟？然而这些衣服真的如商家介绍的那么好吗？要是相信，你就上当了！这些衣服均为走私的旧服装，来源主要是从国外的垃圾场、废品处理厂等地收集而来。经过简单地分拣、翻新后低价出售，而且一般不经过消毒处理！

从2018年开始，我国就禁止洋垃圾入境，这些洋垃圾转而瞄准了印度市场，使印度成为世界第一服装垃圾进口国。

问题：本实例中存在哪些营销道德和营销伦理问题？

讨论分析：

个人：结合已经学习的内容和多种渠道收集的资料，试对上述实例中的问题作出你的营销道德和营销伦理分析，并说明你作出营销道德和营销伦理分析所依据的行业道德和伦理规范。

小组：同学们每四人分为一个小组进行讨论，一人记录，形成小组意见，准备在班级交流。

全班：各小组推选一位代表陈述本小组观点。

教师：记录各小组陈述要点，进行点评。

提示6－1

【实践训练】

1. 实践训练内容

产品分销渠道调查

选择两件你购买过的或最喜欢的商品（一件是线上购买的，另一件是线下购买的），认真调查了解，从生产地到销售地点，中间的分销渠道涉及了哪些环节。

2. 要求

（1）由每个同学单独完成该实训任务。

（2）根据自己选定的两件商品（不同大类），走访经销商，向营销人员了解该产品从生产地到销售地点经过了哪些环节，经过了哪些分销步骤。详细说明商品每一次位移的空间变化，借助了什么运输工具，增加了什么费用，价格发生了什么变化，见表6－1

表6－1　　产品分销渠道调查表

商品名称	经过的流通环节	借助什么运输工具	增加了什么费用	价格发生了什么变化

（3）将调查收集的资料分商品，按分销环节和步骤的先后顺序进行详细说明和分析，可与同学交流，修改完善，完成分销渠道调查表，并上传到班级微信群。

（4）老师选3—5个同学在班级交流，可由学生点评，老师最后作总结。

任务2　了解中间商

学习目标

素质目标：通过本任务知识学习、导入案例和应用与实践训练，能结合销售渠道准确认识渠道成员中的营销伦理和营销道德的相关内容。

知识目标：通过本任务知识学习，能了解中间商的概念和分类。能了解批发商和零售商在分销渠道中各自担当的角色等内容。

能力目标：通过本任务导入案例和应用与实践训练，培养同学们根据正确分析渠道成员的特点的专业能力。

导入案例

中国零售业知名品牌：北京华联集团

北京华联集团投资控股有限公司成立于1996年，是目前中国规模最大的大型连锁商业集团之一。

北京华联集团现拥有大型综合超市、百货店和购物中心等多种零售业态，建立了覆盖全国的连锁零售网络，拥有中国一流的商业管理资源、商品资源、品牌资源和人才资源。公司主要经营大型综合超市和生鲜超市，向顾客提供物美价廉、品质优良的生鲜、食品、百货等民生必需品，经营品项达六万多种。

北京华联集团坚持以人为本、诚实守信的企业理念，以对员工、顾客、供应商、合作伙伴的真诚和信用，赢得了良好的社会知名度和美誉度。北京华联已经成为中国零售业知名品牌，被中国政府列为重点培育的流通领域大型企业集团之一。

问题：北京华联经营成功的实例对你有何启发？谈谈你的看法。

[**提示：**零售商千变万化，新组织形式层出不穷，但其基本职能是向最终消费者直接销售商品和服务。北京华联在实现其基本职能的过程中有以下几点做得非常好：一是目标市场选择明确，市场定位准确，即选择与消费者生活息息相关的日用品、食品杂货业；二是服务决策科学，北京华联善待员工、顾客、供应商、合作伙伴，真诚听取顾客意见，为顾客提供满意的服务；三是价格决策，北京华联拥有丰富的商品资源，通过控制成本，对商品实行低价营销策略。此外，北京华联以其知名度在消费者中口口相传，促销费用较低，企业的地点选择也很讲究，方便的地点是吸引顾客能力的关键。总之，一个企业的成功是许多因素共同影响的结果，特别是零售业必须根据市场形势的变化，随时调整自己的经营策略，才能在市场上不断提升自己企业的竞争力。]

任务学习

产品的分销渠道是由不同类型的中间商构成的，这里主要探讨批发和零售两个环节。对零售我们并不陌生，因为每天我们都会接受大大小小、各式各样的零售商提供的服务。尽管零售商不开发产品，但他们负责选择能够招揽消费者的商品种类以及销售地点、制定价格、操作促销。他们为消费者购买商品时和购买后提供信息和服务。在分销渠道所有成员中，零售商直接与消费者接触，因此，他们扮演着十分重要的角色。批发商在分销渠道中也发挥着重要的作用，在产品或服务从生产者转移至最终消费者或用户的过程中，批发商完成了购买、销售、运输、储存以及财务管理等项特定的分销活动。不同的中间商有不同的类型和职能。

一、批发商

（一）批发商及作用

批发商是指专门从事成批商品买卖活动，为转售或生产加工，进行批购和批销的中间商。批发商在经营方式上表现为大批量购买和大批量销售，经营的结果并不改变商品性质，只是实现商品在时间和地点上的转移，达到销售的目的。

与零售商相比，批发商的交易对象主要是生产商、下一层次批发商，或零售商；流通过程中处于中间环节；交易中反映的主要是工商企业间、商业企业间的经济关系；交易次数少，交易批量较大。批发商在媒介商品交换的过程中发挥着独特的作用。

1. 开拓市场与产品推介

批发商通过其营销人员的业务活动，可以将生产者产品有效地推广介绍给众多小客户，从而起到开拓市场、促进产品销售的作用。

2. 集中采购与分装配货

批发商通过采购把分散在各地企业的商品集中起来，再经过初步加工、整理、挑选、分级、编配和包装等活动，分散供应给零售企业或生产用户。

3. 整买零卖与沟通产销

批发商可以整批地买进货物，再根据零售商的需要批发出去，从而降低零售商的进货成本。并作为生产者与更低一级批发商、零售商的桥梁与纽带。

4. 仓储服务与货物运输

批发商将货物储存到出售为止，从而降低供应商和消费者的存放成本和风险；由于批发商一般在仓库储存与货物运输方面具有专业的设备与人员，而且一般距零售商较近，可以很快地将货物送到消费者手中。

5. 信息咨询与终端服务

批发商可向其供应商提供有关买主的市场信息，如竞争对手的活动、新产品的出现、价格剧烈变动等；批发商还可以经常帮助零售商培训推销人员，布置商店以及建立会计和存货系统，从而提高零售商的营销效益。

（二）批发商的类型

1. 商人批发商

商人批发商也称独立批发商，是指自己进货，取得商品所有权的批发商。这是批发商的主要类型。按照所提供的服务差别，批发商又可细分为以下两种。

（1）完全服务批发商。能执行批发商的全部职能，如保存货物、提供信贷、运送货物、协助管理等服务。具体又分为：① 综合批发商；② 专业批发商；③ 工业品配销商。

（2）有限服务批发商。只提供一部分服务的批发商，以减少成本费用，降低批发价格。又可分为：① 现购自运批发商；② 货车贩运批发商；③ 承销批发商；④ 邮购批发商。

2. 代理批发商

代理批发商简称代理商，是指在产品流通过程中，不拥有产品所有权的批发商。主要功能是代表买方或卖方在市场上从事营销活动，负责寻找顾客，代表委托者与顾客洽谈、代销、代购、代存、代运业务。代理商按其与生产者之间业务购销联系的紧密程度，又可分为厂家代理商、销售代理商、采购代理商、经纪人、寄售代理商等。

3. 生产商及零售商的分店和销售办事处

具体包括：

（1）销售分店和销售办事处。

（2）采购办事处。

4. 其他批发商

其他批发商主要指零售企业兼营的批发业务部门和存在于某些特殊经济部门的专业批发商，专业批发市场等。

【学习互动】

厂商代理商和销售代理商主要的区别是什么？

当前，随着科学技术的发展，尤其是以通信技术为基础的信息技术的广泛应用，给传统的流通结构、流通方式带来了巨大的冲击，对传统的批发业提出了极大的挑战。所以，批发商应及时了解和掌握新技术、新产品的动态，与时俱进，提高市场竞争能力。

二、零售商

微课：认识新零售

（一）零售商的经营特征

零售商是指向最终消费者提供日常生活所需的商品和服务的机构和组织。商品经过零售环节，最终进入消费领域，实现了社会生产目的，实现了商品价值，保证了社会再生产的顺利进行。零售是商品交换的一种类型，相对于其他交易类型，具有以下三个特征：

（1）交易对象是最终的消费者。他们是为了个人和家庭生活而购买和消费的。

（2）交易活动零星频繁。零售商整批购进商品，然后零星分散地把商品销售出去，一般营业时间长，交易次数多，交易也频繁。

（3）处于商品流通的最后环节。商品经过零售以后，最终进入消费领域，商品变成了消费品，满足了消费者的消费需求。

（二）零售商的职能

（1）批量购进，零散销售。解决供求数量矛盾。

（2）了解市场，反馈信息。承担市场调查与求购信息反馈双重职能。

（3）咨询服务，担保信用。解决购销双方信息不对称的矛盾。

（4）采购配货，保障供应。解决生产地分散与消费地集中的矛盾。

（5）预测市场，储备货物。解决供求之间不协调的矛盾。

（6）运输储存，送货上门。解决生产者与消费者地域空间的矛盾。

（7）广设网点，便利购销。解决生产者与消费者数量需求不对称的矛盾。

（三）零售商的类型

1. 购物中心

购物中心指由大商店和小店铺组成的商场。由于购物中心内设有不同行业的店铺，经营各种各样的商品和服务，有停车场，有餐饮服务，甚至设有大型娱乐场所，所以具有商品品种齐全，服务多样化，能满足一次购买所需商品和购物、餐饮、休闲、娱乐同时进行的优势。

2. 专业商店

专业商店是指专业化程度较高，专门经营某一类商品或某一类商品中的某种商品的零售商。这类零售商经营的商品范围较窄，但经营的商品花色品种较为齐全。如服装店、书店、花店、电器城、家具店等。由于社会分工的纵深发展，市场细分化，近年来拥有品种丰富、档次齐全的系列化商品的专业商店得到迅速发展。

3. 超级市场

超级市场指以自我服务、低价销售为特征的零售机构。目前超级市场规模越来越大，设施越来越齐全，是竞争力比较强的一种零售方式。

4. 方便商店

方便商店即便利店，它是指设在居民区附近的小型商店，营业时间较长，商品主要是日用品，方便顾客购买，但它的销售价格较高。便利商店已成为人们生活中不可缺少的一种零售形式。

5. 产品陈列式推销商店

这种商店是产品目录和折扣商店的合二为一，即向消费者散发彩色印刷的产品目录，在目录中，标明每项商品的价格和折扣价。一般销售种类多、有商标的商品，如珠宝饰品、照相器材等。

6. 无店铺零售商

无店铺零售是指商品不通过中间商和零售店直接销售给顾客。由于没有店铺让顾客直接光顾和进行交易，因此商品信息沟通就成为无店铺零售商最重要的职能。根据商品信息沟通的方式不同，无店铺零售商可分为：

（1）邮购公司。它指通过报纸或杂志广告，介绍商品并接受顾客汇款订货和销售的零售商，使顾客在家中也能购物。

（2）网上商店。它指通过企业网站或网页，向顾客推荐和介绍商品，利用电话和电子邮件接受顾客订货，然后通过物流配送系统送货上门。目前专门的网上交易量大增。

（3）直销公司。它是以推销人员上门推销为主来销售商品的零售商。

（4）自动售货机。自动售货是指使用硬币自动售货，自动售货机一般设置在人流量较大的交通要道，以及车站、码头、机场、影院等场所。自动售货机的成本很高，其所售商品价格比一般商店高20%左右。

【学习互动】

自动售货这种零售形式适合在我国大力发展吗？请你从营销道德和营销伦理角度说说为什么？

应用与实践

【营销道德与营销伦理】

背景资料：

批发市场的“水泥”纸箱

很多人不愿意在外面的小摊上买东西，原因是害怕对方缺斤少两，自己会吃亏，他们更愿意选择大一些的批发市场，觉得这些地方的质量会更有保障。某地宋女士在批发市场购买了一箱苹果，回家之后发现纸箱特别沉，让她非常诧异。从这个纸箱的外部来看，完全看不出有什么问题，但拿起来之后就发现，它的重量不对，跟平时用的纸箱完全不同。宋女士将纸箱放到秤上称了一下，这个箱子的重量竟然有2.7公斤。这究竟是为何呢？宋女士现场将这个纸箱拆开进行检查，发现了其中的奥秘，原来这个纸箱中间的夹层里竟被灌上了水泥。

问题：本实例中存在哪些营销道德和营销伦理问题？

讨论分析：

个人：结合已经学习的内容和多种渠道收集的资料，试对上述实例中的问题作出你的营销道德和营销伦理分析，并说明你作出营销道德和营销伦理分析所依据的行业道德和伦理规范。

小组：同学们每四人分为一个小组进行讨论，一人记录，形成小组意见，准备在班级交流。

全班：各小组推选一位代表陈述本小组观点。

教师：记录各小组陈述要点，进行点评。

提示 6－2

【实践训练】

体验零售商经营

1. 实践训练内容

（1）列出你最近常光顾的两家零售商店，每个零售商店销售何种产品？是什么因素使你决定购买该店的产品？

（2）再到互联网上浏览一下，选择两家网店，看都卖些什么商品？与附近的实体店比较，你喜欢网上购物还是去实体店购买，为什么？

2. 要求

（1）每组 4 人，负责调查两家实体店和两家网店，两人一组分头调查。

（2）从图书馆和网络收集有关零售业的相关资料，为实地调查做好准备。

（3）汇总交流调查情况，讨论分析后把结果填入表 6－2 中，并上传到班级微信群。

表 6－2　零售企业调研信息汇总表

企业名称		经营商品大类	主要的营销措施	吸引你购买原因分析
实体店	1.			
	2.			
网店	1.			
	2.			

（4）选择 3 个小组在班级交流，班级其他同学可作补充，最后老师作点评。

思考与练习

1. 选择题

（1）下列产品中，最适合采用广泛分销策略的是（　　）。

A. 电视机　　B. 高档家具

C. 可口可乐　　D. 精工牌手表

（2）如果某公司建立的一级销售渠道属于宽渠道，一定是因为（　　）。

A. 存在多个代理商　　B. 存在多个批发商

C. 存在多个零售商　　D. 存在多个消费者

（3）按是否经过中间环节，分销渠道可分为（　　）。

A. 直接渠道和间接渠道　　B. 长渠道和短渠道

C. 宽渠道和窄渠道　　D. 多渠道与少渠道

（4）（　　）俗称掮客，主要作用是为买卖双方牵线搭桥，协助谈判，促成买卖。

A. 批发商　　B. 代理商

C. 经纪人　　D. 经销商

(5) 下列产品最适宜选择短渠道的是（　　）。

A. 机器设备　　B. 时装

C. 玻璃制品　　D. 食品

(6) 接受生产者的委托，独家代理生产企业全部产品的中间商是（　　）。

A. 厂商代理商　　B. 销售代理商

C. 寄售代理商　　D. 经纪商

(7) 在目前市场规则不甚完善的情况下，选择中间商考虑（　　）因素十分重要。

A. 经营能力　　B. 资金状况

C. 信用状况　　D. 合作意愿

(8) 消费品中的便利品和工业品中的标准件、通用小工具等多采用（　　）。

A. 直接分销　　B. 广泛分销

C. 选择分销　　D. 密集分销

(9) 渠道成员包括（　　）。

A. 批发商　　B. 零售商

C. 代理商　　D. 制造商

(10) 如果你有自己的交通工具，希望尽快购买食品、衣服和电器，下列哪种零售店最便捷（　　）。

A. 超级大卖场　　B. 折扣店

C. 复合零售商　　D. 连锁店

2. 判断题

(1) 分销渠道就是由不同类型的中间商构成的。（　　）

(2) 企业选择两种或两种以上的渠道来销售产品，这采用了广泛分销策略。（　　）

(3) 长渠道是指在同一环节层次上选择两个或两个以上的中间商销售产品。（　　）

(4) 没有中间商介入的分销渠道，是一级分销渠道。（　　）

(5) 最窄的渠道模式是独家分销，最宽的渠道模式是密集分销，最长的渠道模式是三级渠，最短的渠道模式是一级渠道。（　　）

(6) 专业商店经营的产品项目较少，但花色品种齐全。（　　）

(7) 购物中心是迄今为止最完美的一种零售形式。（　　）

(8) 直销就是直接销售，传销也应属于直销的一种。（　　）

(9) 易腐烂的产品、鲜活产品通常选择短渠道和窄渠道。（　　）

项目六习题答案

项目七 PPT

项目七
促　销　策　略

任务 1　认知促销组合

学习目标

素质目标：通过本任务知识的学习、导入案例和应用与实践训练，培养同学们在促销组合活动过程中践行诚实守信服务至上的促销营销道德和营销伦理的意识。

知识目标：通过本任务知识的学习，能正确描述促销、促销组合及影响因素，制定促销组合策略等陈述性知识。

能力目标：通过本任务的导入案例和应用与实践训练，提升同学们依据企业经营实际和促销要素提出制定基本促销组合意见和建议的专业能力。

导入案例

房地产公司的促销

某房地产公司在销售其新建的普通居民住宅时采用如下促销组合：召开新闻发布会，宣布赠送某著名影星住房一套，并聘其在销售现场进行现场推销工作，现场的销售广告为“与著名影星做邻居”。但促销活动并没有引起很大反响，结果以失败告终。

问题：这个促销组合失败的原因在哪里？

［**提示**：企业在确定促销组合策略时，必须考虑产品的特点和市场的特点。普通住宅请著名影星做推介，一时可以吸引人们的注意力，但缺乏说服力，应考虑普通老百姓更能接受的促销手段。］

任务学习

现代市场营销所要求的，不仅是开发优质的产品、制定合理的价格、建立高效率的分销网络系统，仅有这三项活动还不能给企业带来足够的销售收入和利润。因为可能还有许多潜在的消费者和用户由于信息不通极少进行购买。为了进行卓有成效的市场营销活动，企业还必须制定行之有效的促销策略。促销的实质在于信息沟通，通过各种促销活动，制定促销策略，使消费者对企业及产品产生兴趣，进而进行购买活动。

促销是营销策略组合工具中的最后一项，但促销不是一个独立的工具，它是几种工具的组合，在整合营销传播的框架下，较为理想的状态是，企业将认真地协调全部的促销手段，以便对企业及产品的宣传能令人信服，顺利实现营销目标。

一、促销的含义与作用

（一）促销的含义

促销即促进销售，它是指企业通过人员和非人员的方式，把企业的商品、服务等信息传递给消费者，从而达到刺激需求、促成购买、扩大销售目的的全部活动的总称。促销是任何企业营销计划中的重要因素，它可以使企业树立良好形象，增加销售，使渠道成员产生合作感，给消费者提供售后服务，以及开展其他活动等。

1. 促销的实质——沟通和传递信息

信息沟通是企业进行促销活动的基本要求。通过促销活动，首先将商品或劳务的信息传递给各种可能的消费者，才能进行深层次的说服工作。

2. 促销的方式——人员推销和非人员推销

人员推销是企业派出推销人员与顾客进行面对面的洽谈，直接说服顾客购买。非人员推销是借助一定的媒体来传递产品或服务的信息，从而激发消费者的购买欲望，具体包括营业推广、公共关系等手段。

3. 促销的目的——促成和推动销售量的扩大

促销不仅仅是传递信息，更重要的是引发消费者的兴趣，促使其采取购买行动。但是，促销只是一种辅助手段，其本身并不能取代销售的功能。

【学习互动】

为什么说促销是一个沟通过程？

（二）促销的作用

1. 传递供给信息，指导顾客消费

在现代市场营销中，信息流是商流和物流的前导。企业把进入市场或即将进入市场的产品或服务的有关信息传递给目标市场的购买者，引起他们的注意，使他们知晓何时何地以何价格水平、能够买到多大数量、多高质量、何种规格型号、什么特色、哪一品牌的产品，从而使市场上正在寻找卖主的潜在买主成为现实买主。在现代市场营销中，信息沟通是争取顾客的重要环节，也是密切营销企业与生产者、顾客之间的关系，强化分销渠道中各个环节之间的协作，加速商品流通的重要途径。

2. 突出商品特点，激发消费需求

促销突出本企业商品不同于竞争对手商品的特点，以及它给消费者或用户带来的特殊利益，这就有利于加深顾客和公众对本企业商品的了解，建立起本企业商品的形象。有效的促销活动通过介绍商品（尤其是新产品）的性能、用途、特征等，能够诱导和激发需求，在一定条件下还可以创造需求。

3. 强调心理促销，激励购买行为

现代企业促销活动其实是一场攻势强大的、体现攻心为上、先预后取等心理战略和战术的促销活动。因为促销的对象是目标市场上的消费者，要使他们产生对本企业的购买行为，“心动”是前提。企业通过促销突出宣传本企业经营商品不同于竞争对手商品的特点，以及它给消费者带来的特殊利益，显然有助于加深消费者对本企业商品的了解，帮助消费者进行正确的购买决策，采取相应的购买行为。

4. 树立企业形象，赢得顾客信任

促销活动有时并不以立即产生购买行为为目的。而是通过促销活动树立企业及其商品在市场上的良好形象，给消费者留下深刻的印象，形成消费者的特殊偏好，与企业结下深情厚谊。一旦产生购买欲望与需求，就会联想到本企业的商品。使消费者增加购买本企业商品的信心，稳定销售形势。

【学习互动】

有人说，只要搞好促销手段，就能吸引消费者购买商品。请你从营销道德和营销伦理角度说说你对这一说法的理解。

二、促销组合及促销策略

（一）促销组合

促销的方式包括人员推销和非人员推销两类，非人员推销又具体分为营业推广、公关关系、网络促销等具体方式，把这些方式结合在一起，就是促销组合，如图7－1所示。

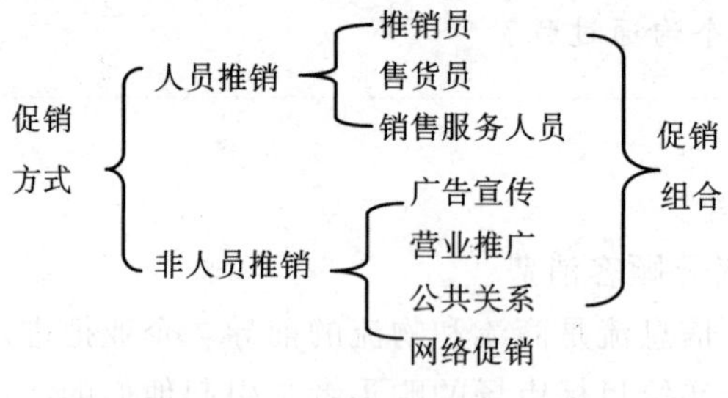

图7－1　促销方式组合示意图

促销组合，就是指企业在促销活动中，根据商品的特点和营销目标，综合分析各种影响因素，对人员推销、营业推广、公共关系、网络促销四种促销方式有机地结合起来。综合运用，形成一个完整的最佳的促销方案，以便实现更好的整体促销效果。

在这四种促销方式中，人员推销最根本的特点是推销员“人的表现”，着眼于信息的双向沟通和情感交流，这是人员促销的主要原因；营业推广最主要的特点是与日常营业活动紧密结合，催化交易活动，产生短期效益；公共关系促销最主要的原因是“关系好”“形象好”“人缘好”，追求的是远期效益。网络促销最主要的原因是利用线上促销，适应信息技术在商品营销中的快速发展需求。

（二）促销策略

促销策略是根据促销合力形成的总体方向划分，可以分为推式促销与拉式促销两种类型。

1. 推式促销

推式促销是指上游企业直接针对下游企业或目标消费者开展的促销活动。活动过程主要是运用人员推销、营业推广手段，把产品从制造商推向批发商，再由批发商推向零售商，最后由零售商推向最终消费者，如图 7－2 所示。

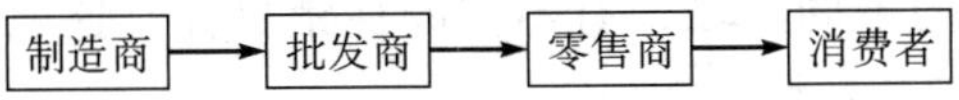

图 7－2　推式促销策略

采用这一策略的企业，通常有自己的促销队伍，或者商品质量可靠，声誉较高。这种促销策略的促销对象一般是中间商，它要求促销人员针对不同的销售对象采取不同的促销方法和技巧。

2. 拉式促销

拉式促销，主要是指制造商直接针对最终消费者施加促销影响，以扩大商品或品牌的知名度，刺激消费者的购买欲望，进而产生购买行为，如图 7－3 所示。

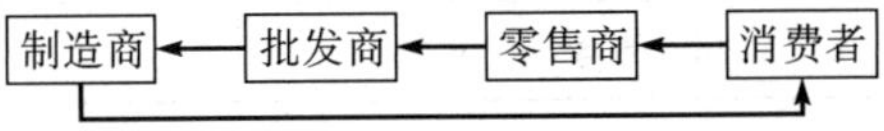

图 7－3　拉式促销策略

拉式促销策略一般以广告宣传、公共关系为主要手段，通过创意新、高投入、大规模的广告宣传，直接诱发消费者的购买欲望，由消费者向零售商、零售商向批发商、批发商向制造商采购，由下游至上游，层层拉动以实现产品销售。运用这种策略的企业一般具有较强的经济实力，能够承担起昂贵的广告和公关费用。单位价值较低的日用品，流通环节较多或流通渠道长的产品，市场范围较广或市场需求较大的产品，常采用这种策略。

三、影响促销组合决策的因素

以上各种促销方式各具特点，企业若要制定一套行之有效的促销组合策略，应考虑以下几个方面的因素。

（一）促销目标

企业发展的不同阶段有不同的促销目标，特定的促销目标往往对促销方式有较为明确的条件要求和制约，从而限制了促销方式的选择范围。当以提高知名度和塑造良好形象为主要目标时，就应以公共关系和广告为主；当以销售商品为主要目标时，公共关系是基础，广告是重点，人员推销是前提，营业推广是关键。

（二）促销商品的特点

不同的商品有不同的用途，需要不同的促销组合。一般来说，工业用品主要生产企业购买，购买时要经过复杂的研究、审批手续等，应以人员推销为主，配合公共关系和营业推广；消费品主要供应个人和家庭生活之用，涉及面广，销量大，常常以人员促销为主，辅之以公共关系和营业推广。

（三）目标市场的特点

不同的市场类型对促销方式有不同的需求。市场规模相对集中的市场，人员推销是重点；规模大、范围广且分散的市场则应多采用公共关系和营业推广。对个人和家庭消费则以人员促销为主，辅之以营业推广；对组织用户、集团消费应以人员推销为主，辅之以公共关系；对中间商则宜以人员推销为主，并配合营业推广。当然，企业还要根据自身与竞争对手的实力分析和比较，选择针锋相对的促销方式或避其锋芒的促销组合。

（四）产品市场生命周期的阶段

在产品市场生命周期的不同阶段，有不同的促销目标。这就决定了在不同阶段要有不同的促销策略。具体如表 7－1 所示。

表 7－1　产品市场生命周期不同阶段的促销组合

产品市场生命周期	促销重点	促销组合
投入期	认识与了解产品	人员推销、产品形象
成长期	提高知名度、形成偏好	公共关系
成熟期	保持竞争优势、继续扩大市场	公共关系、营业推广
衰退期	维持信任、提醒购买	营业推广为主
整个周期	树立形象	公共关系

（五）促销时间与促销渠道的选择

任何商品都有销售时机和非销售时机。显然，在销售时机（如销售旺季、流行期、特别事件和节假日等）应当掀起促销高潮，一般要以营业推广为重点；而在平时则应以公共关系和人员推销为主。从渠道选择方面看，如果企业以间接渠道为主来分销商品，则应以公共关系为主，为中间商创造有利的销售环境，再配合对中间商的营业推广，充分调动其积极性；如果企业以直接分销渠道的销售方式为主，则应重点采取公共关系、人员推销和营业推广。

（六）促销费用

企业开展促销活动，必须要支付一定的促销费用，有的促销方式费用较高，而有的较低。企业市场营销费用究竟有多少用于促销，这往往是对促销方式选择的一种硬约束。一般来说，企业选择促销方式，要根据自身的资金水平，同时也要考虑最佳效益。

【学习互动】

企业以提高形象或以增进市场占有率为促销目标时，各应采取什么促销组合策略？

应用与实践

【营销道德与营销伦理】

背景资料：

如此降价

2020 年“双 11”促销期间，某市栾先生在网上抢到了一款心仪已久的电子产品，但是他发现，由于商家“先涨价后降价”，自己并没有真正享受到优惠。这款产品平时的价格是 120 多元，在“双 11”活动期间，商家把价格提升到 170 多元，然后再以促销的形式，价格又回到了 120 多元，跟原来差别并不是很大。

问题：本实例中存在哪些营销道德和营销伦理问题？

讨论分析：

个人：结合已经学习的内容和多种渠道收集的资料，试对上述实例中的问题作出你的营销道德和营销伦理分析，并说明你作出营销道德和营销伦理分析所依据的行业道德和伦理规范。

小组：同学们每四人分为一个小组进行讨论，一人记录，形成小组意见，准备在班级交流。

全班：各小组推选一位代表陈述本小组观点。

教师：记录各小组陈述要点，进行点评。

提示 7－1

【实践训练】

“感受促销”

1. 实践训练内容

根据表 7－2 列出的三类商品：服装、鞋子、洗涤用品，结合你个人的购买体验完成表中要求的内容。

表 7－2　　个人购买产品信息汇总表

品名	选择的什么品牌？	为什么会选择这个品牌？	是在搞促销活动吗？	这是你熟悉的品牌吗？你是怎么了解的？	你平时购买商品信息主要从什么渠道获得？	你平时购买商品最相信什么样促销工具传递的信息？
服装						
鞋子						
洗涤用品						

2. 要求

（1）每个同学单独完成任务，如果个人体验无法回忆，也可向你所熟悉的朋友亲戚了解，根据他们的体验如实记录。

（2）填写好基本内容后，征求周围同学意见，修改完善，并上传到班级微信群。

（3）选择 3—5 名同学的记录在班级交流，其他同学可提建议，老师作点评。

任务2　熟悉人员推销策略

学习目标

素质目标：通过本任务知识的学习、导入案例和应用与实践训练，培养同学们在商品推销过程中践行营销职业道德和营销伦理、诚信推销的意识。

知识目标：通过本任务知识的学习，能正确描述人员推销，人员推销的工作步骤及推销技巧，人员推销的方法等陈述性知识。

能力目标：通过本任务的导入案例分析和应用与实践训练，熟练基本的推销方法，提升同学们的商品推销能力。

导入案例

心连心公益带货直播走进四川省凉山州喜德县

心连心不负韶华共圆小康梦，手牵手脱贫攻坚共赴幸福生活。在2020年这个特殊的时间节点，中央广播电视总台推出全新的“2020我们的中国梦文化进万家心连心慰问演出”活动，本次活动走进四川省凉山州喜德县。8月11日19点整，“心连心系列公益带货直播”作为活动的第一场，先声夺人开启“凉山州喜德县助农专场”。当晚，总台主持人朱迅联手主播辛巴，与歌手刘惜君，演员海陆、佘诗曼共同直播带货喜德特产、凉山好物、精品食材等十款产品。

一个多小时的直播结束后，产品销量喜人，一晚的总销量超过72万，总销售额突破2500万元。多款产品均突破计划供应量，以“凯特芒果”为例，在网友的热情下单氛围下，辛巴屡次提升预售供应量，最后销量在短时间内突破了30万。这次公益直播带货，拓展了当地人民的创收新思路，也极大地带动了农产品的增产增收。可以说，直播带货聚焦当地历史与经济社会发展情况，以“直播带货”这种新兴模式为当地脱贫攻坚贡献了力量。

问题：心连心公益带货直播成功的原因是什么？本案例对你有何启发？

[**提示：**直播带货是近几年随着信息技术发展而新生的一种促销方式。直播带货一直给人的印象是物美价廉，人们普遍认为直播间的东西在质量上和价格上都会比线下实惠，所以越来越多的人慕名去观看直播。网上直播带货时，主播会尽可能地详细介绍产品，这就让人们能更直观地感受到促销的这个产品的好坏，是否适合自己。

在这个产品多样的时代，消费者的选择越来越多，找到一个性价比很高的产品也是需要花费很大精力的。而直播带货就节省了大量的选货时间，加之，自己信任的主播推荐购买的东西肯定也是值得信任的，而且产品好、价格实惠，没有理由不买。]

任务学习

人员推销是促销组合中最古老、最传统、最富有技巧性的促销方式，也是最不可缺少的促销方式，它在现代企业市场营销活动中占有相当重要的地位。人员推销是人与人之间直接接触进行推销的营销传播方式。具体讲，就是推销人员通过聆听顾客意见，估计他们的需要，并通过组织企业的力量来解决顾客问题，实现企业的经营目标。

人员推销的方式中，推销人员提高自身推销能力至关重要。本任务主要学习人员推销的相关理论和技能，了解什么是人员推销、人员推销的基本工作程序、一般的推销技巧、如何做好一名推销员等内容，强化对人员推销过程的认识和推销技巧训练，培养学生的推销能力。

一、人员推销及特点

（一）人员推销

人员推销是指企业委派自己的销售人员，直接向消费者或用户销售某种产品和提供某种服务的一种直接销售方式。西方企业和我国工商企业的实践证明，人员推销与其他的方式相比具有不可替代的作用，因此在现代营销活动中它仍然是重要的促销工具。

（二）人员推销的特点

1. 灵活机动，适应性强

推销人员本身就是信息传递的媒介，他们可以根据不同用户的具体情况，采取不同的推销方式，及时调整推销策略，也可以在顾客方便的时间、地点，以顾客最能接受的方式向顾客传递产品信息、推销商品。

2. 区别对待，针对性强

推销人员在推销之前往往要先对顾客进行调查研究，选择潜在顾客，直接针对潜在顾客进行促销活动，这样针对性强，成效也比较显著。

3. 双向沟通，反馈性好

人员推销属于信息的双向沟通，意见可以迅速地在双方之间交换。一方面，推销人员可以对顾客的意见进行解释和说服；另一方面，也可以及时地将意见反映给有关部门，使其做适当的产品调整。

4. 及时促成购买，缩短购买时间

在人员推销中，传递信息与达成销售是融为一体的。推销人员在传递信息的同时，根据顾客的情况适时地提出销售建议，从而达成交易。

5. 搜集信息，兼做服务

推销人员在推销商品时还可以进行市场调研，搜集市场信息，同时还可以兼做一些商业性业务和售后服务工作，如签约、收钱、送货、安装和维修等。

6. 推销费用较大

对人员素质要求较高，推销费用大。由于人员推销是以推销人员作为传递信息的载体，因此单位信息的传播成本大，同时要求推销人员有较高的素质，才能胜任推销工作。

二、人员推销的工作程序及技巧

为了提高推销的工作效率，推销人员应遵循一定的工作程序，如图7－4所示。

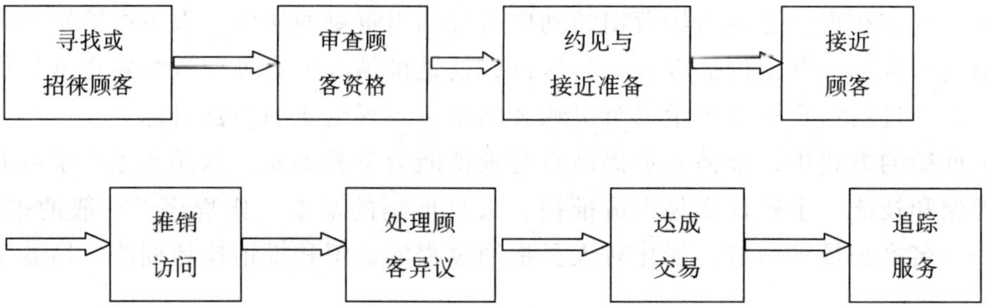

图7－4　人员推销程序示意图

（一）寻找或招徕顾客

人员推销首先要找出潜在的顾客。潜在顾客就是指可能购买商品的人，一般必须具备五个条件：有需要，有购买力，有购买决策权，有接近的可能性，有使用能力。寻找潜在顾客的方法技巧很多，可以通过以下几种途径：

（1）地毯式访问法。即挨家挨户访问，这是一种古老而又常用的推销方法，费时费力，带有较大的盲目性。

（2）连锁介绍法。设法通过现有的消费者介绍来寻找未来消费者的方法，因为有时消费者更容易相信消费者。

（3）中心开花法。即“中心人物利用法”，在某一特定的推销范围内，争取一些有影响力的中心人物，在这些中心人物的协助下，寻找消费者的方法。

（4）资料查阅法。通过查找企业的内部资料和外部资料来寻找消费者的方法。内部资料如销售部门记录、服务部门记录、往来账目等，外部资料如企业名单、专业团体会员名单、商业广告等。

（二）审查消费者资格

这是寻找消费者工作的继续。主要内容包括：对消费者购买需求审查、支付能力审查、购买决定权审查等。

（三）约见与接近准备

推销对象确定之后，推销人员要认真准备有关商品、消费者知识和竞争者的信息，同时还要做好约见与准备。由于各种原因，购买者尤其是有购买决策权的人，往往不愿意甚至是想办法拒绝接见业务员，因此，事先约见消费者，获得当面洽谈的机会，本身就是成功推销的开始。

1. 约见前的准备

包括：理由准备，即为什么访问；心理准备，要克服自卑心理、畏难情绪，树立自信心，要想说服别人，首先说服自己；仪表准备，包括容貌、服饰、言谈、举止、动作、表情等。

2. 约见的方法和技巧

约见的方法一般有电话约见、访问约见，还有托他人介绍约见等。

（四）接近顾客

这是正式接触推销对象的第一步，是推销面谈的前奏。推销员应特别注意与消费者的第一次见面，接近消费者必须要考虑以下三点：一是要给对方一个好印象。推销员要注重礼仪，既要不卑不亢，同时又不诋毁竞争对手；二是验证在预备阶段所准备的全部情况；三是为后面的谈话做好准备。接近消费者的方法主要有：

1. 介绍接近法

通过自我介绍或经第三者介绍接近消费者。自我介绍在口头介绍的基础上，还应主动出示身份证、名片、介绍信等。由第三者引荐，应把第三者开具的便条、信函、名片等交给消费者，也可由第三者亲自引荐。

2. 产品接近法

直接利用所推销的商品引起消费者注意和兴趣进而转入面谈的接近方法。这要求商品本身具有独特的魅力和很强的可操作性，如推销玻璃清洁剂的可直接进行产品的演示。

3. 利益接近法

向消费者简要陈述推销产品给他们带来的实际利益，让消费者感到少花钱多受益。

4. 好奇接近法

利用消费者的好奇心理，接近消费者。

5. 馈赠接近法

利用赠品或礼品引起消费者的注意和兴趣，以接近对方。

6. 赞美接近法

通过赞美消费者而接近他们，但应讲究一定的方法和技巧。

7. 求教接近法

利用向消费者请教问题的机会来接近他们。人们是不会拒绝虚心求教的推销员的。

【学习互动】

推销界有句名言“推销产品之前先要推销自己”，你同意吗？请你从营销道德和营销伦理角度说说你对这一说法的理解。

（五）推销访问

这一阶段是推销过程的关键环节，是推销人员运用各种方法说服顾客购买的过程。推销说服的技巧一般有两种：

1. 提示说服

通过直接提示或间接提示，积极提示、证明提示、动议提示等，将消费者的购买欲望与产品特性联系起来，由此促使消费者作出购买决策。

2. 演示说服

通过商品演示、文字图片演示、音像影视演示去劝导消费者购买商品。一般重点指出商品的特点和带给消费者的利益，以及它们如何优于竞争者的商品，有时甚至也可指出本商品的某些不足或可能出现的问题，以及该如何减免或防范。

（六）处理消费者异议

在面谈的过程中，消费者对推销人员的提示必然会作出反应，而提出异议或问题居多，这是正常的。这就给推销人员提供一个机会，去消除那些可能影响销售的反对意见，并进一步指出产品的其他特点，或提示企业可提供的特别服务。处理异议的方法和技巧一般有如下几种：

1. 反驳处理法

它也叫直接否定处理法，正面回应消费者的异议，但应注意尽量避免与顾客直接冲突。

2. 但是处理法

它也叫间接否定处理法，不直接否定，而是形式上肯定，但本质上转弯抹角地否定。如消费者提出价格高，可以回答："你的意见是对的，我们的价格是比对方高，但是人们常说，好货不便宜，便宜没好货，我们使用的是最好的材料……"。

3. 利用处理法

利用消费者异议本身处理有关其异议，即肯定其正确的一面，利用其积极因素。

4. 不睬处理法

可以先不予以正面回答，而是转移话题，重新询问新的问题或讨论其他问题。

5. 询问处理法

将对方的异议转化为话题，要求对方回答，适合试探摸底和了解实情。

6. 预防处理法

抢先把问题说出来，以使消费者不能再提及。

（七）达成交易

在实际推销中，消费者往往不愿主动地提出成交。但成交的意向总会以各种各样的方式表露出来，如态度逐渐好转，主动询问价格，询问交货日期，询问优惠条件等。这时推销人员就要准备达到最主要的目标——成交，在这个阶段，推销人员可以提供一些优惠条件，运用一些成交技巧，促成交易。

1. 请求成交法

直接要求消费者购买商品的一种成交技巧，利用各种成交机会，积极提示，主动向消费者提出成交要求。

2. 假定成交法

假定消费者已接受推销建议而要求消费者购买的成交技巧。

3. 选择成交法

向消费者提供几种购买决策方案，并且要求消费者立即购买的一种成交技巧。

4. 从众成交法

利用消费者的从众心理，促使消费者立即购买推销产品的一种成交技巧。

5. 机会成交法

向消费者提示有利的机会、最后的成交机会等，促使消费者立即购买。

6. 保证成交法

向消费者提供成交的保证条件，以促使交易实现的一种成交技巧。

（八）追踪服务

追踪服务是推销人员为已购商品的消费者提供各种售后服务。追踪服务能加深消费者对企业和产品的信赖，促使重复购买。同时，通过追踪服务可获得各种反馈信息，为企业决策提供依据，也为推销员积累了经验，为开展新的推销提供有利的条件。

【学习互动】

在日常生活中你见到的推销员（或营业员）运用的推销技巧最多的是哪一种？举例说明。

三、推销人员的任务和要求

（一）推销人员的任务

推销人员的任务如下：

1. 寻找消费者

人员推销不仅要提供商品、满足消费者复杂购买的要求，更重要的是在市场中寻找机会，挖掘和发现潜在需求，创造新需求，开拓新市场。

2. 传递信息

推销人员是通过传递信息来推销商品的，即推销员及时将企业提供的商品和服务信息传递给消费者，为消费者提供资料，引起消费者的购买欲望，作出相应的购买决策。

3. 推销商品

推销人员通过与消费者的直接接触，运用销售技巧，有效的分析消费者的需求及所期望的最大利益，根据不同情况向他们提供各种奖励、折扣、优惠和服务等，从物质和精神上满足对方需求，诱导其实现购买行为，推销商品。

4. 收集信息

企业所需要的营销信息，很大一部分源于消费者，推销人员活跃于企业与消费者之间，是企业收集信息的重要渠道之一。推销人员在推销商品过程中，应进行调查研究，与消费者保持经常联系，收集市场情报资料，反馈信息，及时向有关部门反映，为改进营销措施、进行营销决策提供依据。凡此种种，都是他们义不容辞的责任。

5. 提供服务

推销人员应在推销中积极主动地为消费者提供售前、售中、售后服务，及时解决消费者在购买和使用过程中出现的问题。销售服务也是推销商品的良好机会，有利于消费者和用户重复购买。

（二）推销人员的基本素质

1. 道德品质素质

企业推销人员必须具有优良的思想品德，这是保证企业推销工作正常开展、坚持正确营销方向的根本。思想品德素质由优良的政治品质、高尚的道德情操和良好的工作作风三个方面。政治品质主要是要有较高的政策水平，以及对国家的路线、方针、政策能正确领会，准确把握，灵活运用，有家国情怀；道德情操要求推销人员必须对社会的安定、文明和发展负一定的道德责任，要有责任担当，并具备良好的营销职业道德；工作作风要求推销人员兢兢业业，勤勤恳恳，有吃苦耐劳精神，对自己职责范围内的工作要保质保量地完成。

2. 文化知识素质

推销人员必须具备广博的知识、广泛的兴趣，能针对不同消费者投其所好，了解其心理活动和实际需求，热情为消费者服务，做好市场营销的调研、决策、计划、组织和实施评估工作。要求知识丰富、信息量大，特别是对于经济常识、心理常识、市场营销知识、管理常识等方面的知识更是至关重要。

3. 业务技能素质

要求熟悉企业及商品的有关情况，熟练掌握所推销商品的有关技术指标和安装操作的规范和使用方法，并对市场上的同类竞争商品的情况了如指掌。

4. 心理素质

推销人员经常会遇到顾客的拒绝，当问题发生后，不应该灰心丧气，而是应该具有良好的自我心理调节能力，总结经验、再接再厉。

5. 社交礼仪素质

衣着干净整洁，谈吐谦恭有礼，举止风度优雅，并能掌握有关推销洽谈和接待消费者的技巧和艺术。

6. 身体素质

要求有健康的身体，推销工作有时很辛苦，需要推销人员坚忍不拔，连续奋战，能克服经常遇到的种种困难和挫折。

应用与实践

【营销道德与营销伦理】

背景资料：

上门推销 谨防假冒

“今天上午有人来我们家，说安装燃气报警器 340 元，要求每户安装，现在不安装，后期还要加收安装费用，是不是你们公司的工作人员啊？” 2022 年 8 月 2 日，安徽铜陵港华燃气客服热线陆续接到西湖春晓、福景东方等小区居民打来的电话。铜陵港华燃气提醒，此类上门推销燃气报警装置的均非铜陵港华客服人员，切勿上当受骗。

据了解，这些上门推销人员身穿类似港华的工作服，戴着工作牌、检测仪器，目前已有 100 多位居民上当。接到市民报警后，铜陵警方迅速行动，抓获正在上门推销的 4 名男子。

问题：本实例中存在哪些营销道德和营销伦理问题？

讨论分析：

个人：结合已经学习的内容和多种渠道收集的资料，试对上述实例中的问题作出你的营销道德和营销伦理分析，并说明你作出营销道德和营销伦理分析所依据的行业道德和伦理规范。

小组：同学们每四人分为一个小组进行讨论，一人记录，形成小组意见，准备在班级交流。

全班：各小组推选一位代表陈述本小组观点。

教师：记录各小组陈述要点，进行点评。

提示 7-2

【实践训练】

营业现场促销方式体验

1. 实践训练内容

通过走访企业，调查了解营业现场促销人员的推销方式，详细记录两件商品有关现场促销内容，按要求完成表 7－3 相关内容的填写。

表 7－3　现场人员促销调查表

产品	商场名称	促销时间	商品品名	促销方式及过程	对你的启发和你的建议
日常生活用品					
大件用品					

2. 要求

（1）每两位同学一组，完成拓展学习任务。

（2）事先收集推销相关知识与实例，拟定调研思路。

（3）现场调研，为便于整理分析资料，可录像或录音。

（4）填写调查表的相关内容。并上传到班级微信群。

（5）老师选 3—5 组在班级交流，同学可点评，老师作总结。

任务 3　掌握营业推广策略

学习目标

素质目标：通过本任务知识的学习、导入案例和应用与实践训练，培养同学们在面对消费者和推销人员的营业推广策划中践行营销职业道德和遵守法律规范的意识。

知识目标：通过本任务知识的学习，能正确陈述营业推广的含义和特点，营业推广的方式及推广技巧，营业推广活动的基本要求等陈述性知识。

能力目标：通过本任务的导入案例分析和应用与实践训练，培养同学们对消费者进行营业推广活动策划和实施的专业能力。

导入案例

屡屡碰壁的促销活动

一家饲料公司原来效益很好，从没做过促销，直至其他企业后来居上，这家企业才慌了，于是召开销售人员会议。销售人员没有一个不抱怨的，人家企业做得多好，农民买一包饲料就可以得到一件文化衫，还组织经销商去国外旅游。这家企业经理心想，这不是很难，我们也做得到。

江南每年6月至8月是农忙时节，农户都忙着双抢，养殖业是淡季。这位经理想，淡季一定要刺激农民，诱导农民购买。于是，该企业制作了很漂亮的文化衫。7月底，销售人员又向经理抱怨：怎么这么晚才给市场发放促销品，别人早就做了。原来，竞争企业在5月底就将文化衫全部发放到位，农民在双抢时根本没有时间去购买饲料。第二年该企业很早就准备好了促销品，是质量很好的香皂，因为农忙时农民每天都要洗澡，香皂是他们的必需品。但结果出乎意料，经销商拒绝大量进货。销售人员从市场前线发回报告，经销商已大量购进了竞争厂家的货品，原因是该企业开展了一个活动，承诺在市场淡季完成旺季85%销售额的经销商，可以参加企业的出国考察团，竞争厂家已经抢占了经销商的仓库和资金。

问题：为什么该企业促销活动屡屡碰壁？

[**提示：**营业推广是短期的促销行为，目的是鼓励购买的积极性，或宣传一件产品，提供一种服务。公共关系为购买商品或享受服务提出了理由，而营销推广则提出了现在就购买的理由。营业推广被制造商、批发商、零售商大量采用，他们瞄准消费者、商业客户、零售和批发商、销售员队伍，实施五花八门的营业推广活动。在市场竞争日趋激烈、产品差异越来越小、顾客越来越受到销售部门的引导的情况下，营业推广成为吸引顾客的重要手段。营业推广活动是一项涉及面广、影响大的活动，必须在销售各环节之间，竞争对手关系上，对顾客吸引力上等多方面综合考虑。否则，不但不会取得效果，反而失了市场，丢了人心。]

任务学习

营业推广是营销中最常用的促销手段之一，营业推广在整个促销组合中占有很重要的地位，应用范围非常广泛。企业必须明确营业推广的目的，选择最佳的方式，策划营业推广活动并评估推广结果。

一、营业推广的含义和特点

（一）营业推广的含义

营业推广也称销售促进，是指为刺激消费者需求、鼓励购买行为而采用的各种促销形式，包括代金券、奖券、竞赛、附带廉价品等。即除了人员推销、公共关系以外，用以刺激和增进购买的所有不规则、非周期性发生的一切促销活动，都属于营业推广的范畴。

（二）营业推广的特点

与人员推销、公共关系相比，营业推广具有以下几个显著特点：

1. 针对性强，促销效果明显

营业推广是一种以激励消费者购买和经销商经营积极性为主要目标的辅助性、短暂性的促销措施。营业推广直接针对消费者、经销商或推销人员，针对性强。营业推广一般都是通过提供某些优惠条件调动有关人员的积极性，刺激和引诱消费者购买。因而营业推广见效快，对一些消费者具有较强的吸引力。

2. 非规则性和非经常性

人员推销是连续的、常规的促销形式，而营业推广活动则是非经常性的促销手段，它往往是为了解决营销过程中出现的具体促销问题或为了达到某种短期促销目标而临时采取的促销措施。所以，营业推广只是企业整体促销活动的一个环节，是辅助或协调人员推销的补充性措施。

3. 形式多样，应用普及

营业推广的方式繁多，如提供咨询性服务、举办展览会、博览会、示范、现场演示操作、赠送纪念品等，企业可以根据经营水平的不同特点，灵活地加以选择和应用。

4. 短期效果

营业推广往往是企业为了尽快地批量推销产品或推销积压产品，获得短期经济效益而采用的措施。这种促销方式的效果往往也是短期的，如果运用不当，容易使消费者产生逆反心理或使消费者对商品产生怀疑。这种做法有时会降低商品的身份和地位，从而有损企业或商品的形象。因此，选择营业推广方式时应慎重。

二、营业推广的方式和技巧

（一）针对消费者的营业推广方式

针对消费者的营业推广是为了唤起消费者的购买欲望，提高重复购买率，推动新产品销售，经常在新产品开拓市场时或现有产品需要掀起销售高潮时采用。其常用的方式有以下几种：

1. 赠送样品

即免费让消费者试用产品。通过亲身试用，消费者能领略到产品的好处和实际利益，从而迅速接受新产品，成为新产品的购买者。

2. 购买奖酬

购买一定数量商品即可获得奖金和奖品。

3. 组合销售

将新产品与原有产品配套出售或将有连带关系的产品包装在一起出售，价格略低于单件分别出售的价格。

4. 试用品尝

现场请消费者试饮饮料、品尝食品等。

5. 折价优待

发送折价优待券，凭券到指定商店购买该商品，即可获得一定的价格优惠。

6. 以旧换新

将以前购买的同品牌的老产品或别的品牌的同类产品折价，再加上一定数量的现金即可换购该品牌的新产品。

7. 廉价包装

包装注明统一折价率，购买时按折价率付款；或包装上注明该包装是加大容量的包装；或购买时另赠送小容量包装的商品。

8. 奖励券

购买一定数量商品即可获得奖励券，凭奖励券数目的多少可换取不同价值的商品。

此外，还有现场展销、购物赠品、分期付款、限时折扣、特价优惠、购物积分、包退包换、特价日销售、义卖等。随着社会主义市场经济的不断发展，还会有一些新的营业推广方式不断出现。

【学习互动】

请你思考服务促销属于营业推广的范畴吗？

（二）针对中间商的营业推广方式

对中间商的营业推广是为了鼓励中间商大量进货代销，加速资金周转。采用的方式有：

1. 免费提供陈列样品

经销商在向消费者推销商品时，需要有样品在柜台或橱窗陈列。如果生产商不予免费提供，则经销商就会减少甚至不陈列样品，这样就会减少许多成交机会。由生产商提供陈列样品，经销商就会免除样品被用或废旧引起损失的担心。

2. 推广资助

由于经销商经营的产品往往是众多企业的众多商品，因而要其专为某一企业的商品做广告或做其他推广工作，他们认为这是不值得的。所以，要刺激其推广的积极性，就必须在推广方面给予一定的资助。一般推广资助采取的方式有：按订货量或销售额的多少发放推广津贴；与经销商联合推广，如联合做广告或联合展销等，费用由双方按比例分摊或全部都由生产商承担；为经销商提供推广指导，如提供广告样板、专橱（专柜），设计资料，提供推广所用的材料、展品等。

3. 销售竞赛

生产商在众多经销本企业产品的经销商中发起销售本企业产品的竞赛，对优胜者给予奖金或奖励。

4. 协助经营

生产商为经销本企业产品的经销商提供人员培训、派员指导、举办经营研讨会、提供经营手册、发放经营简报等，帮助和促进经销商经营效率的提高。

5. 发放刊物和邮寄宣传品

生产商定期出版并向经销商免费发放有关企业生产情况及产品经营情况的刊物，供其了解情况，学习营销经验，提高营销效率。同时，经常向经销商邮寄产品目录、样品手册等，这也是较多采用的方式。

（三）针对推销人员的营业推广方式

对推销人员的营业推广是为了鼓励推销人员积极工作，努力开拓市场。采用的方式有：

1. 推销竞赛

在推销人员中举行推销竞赛活动，对优胜者给予奖励、奖金或授予某种荣誉称号，以激发士气和提高积极性。

2. 推销津贴

对推销人员按完成推销量的多少发放数量不等的津贴或奖金，以激励推销人员的工作热情。

企业根据具体情况，还可以开展优胜重奖、高额补助，也可以搞超额提成、红利及利润分成等，还可以对表现出色的推销人员给予精神和荣誉上的鼓励。

三、开展营业推广活动的要求

（一）目标

营业推广必须有明确的目标。企业应当根据目标市场和整体策略来确定推广目标，依据推广目标制定周密的计划。当然，由于消费者、用户、中间商、企业组织等都有各自不同的购买特点，在确定目标和制定计划时应区别对待，并把长期目标与短期目标有机地结合起来。

（二）费用

营业推广是企业重要的促销形式。通过营业推广可以使销售额增加，但同时也增加了费用。企业要权衡推销费用与营业收益的得失，把握好所费与所得的正确比值，从而确定促销的规模和程度。

（三）对象

各种营业推广手段对于不同的对象，其作用是有很大差别的。实践证明，营业推广的对象主要是那些“随意型”消费者和价格敏感度高的消费者。对于已经养成固定习惯的老顾客，营业推广的作用要小一些。因此，要根据促销的商品的目标顾客选择营业推广方式方法。

（四）媒体

企业必须通过最佳的媒体来实施营业推广。比如一张优惠券，既可以放在商品包装袋里赠送，也可以在购买商品时当场分发，或附在报刊广告中给予。又如，为了扩大某种商品销售，企业拟给予顾客 10% 的价格折扣。但这一信息通过什么媒体传播出去，需要很好地进行研究。一般来说，媒体的选择必须考虑媒体的普及率及费用支出情况，权衡利弊，从优确定。

（五）期限

营业推广的时间选择必须符合整体营销策略，并与其他营销活动相协调。如果时间太短，不少有希望的潜在买主，也许恰好在这个阶段没有采购欲，从而收效甚微；如果推广时间太长，又会给消费者造成一种印象，认为这不过是一种变相减价，从而失去吸引力。因此，时间选择要恰到好处，既要给消费者“欲购从速”的吸引力，又要避免草率从事。

（六）效果

营业推广的效果体现了营业推广的目的。每次营业推广后，都要对营业推广的效果进行评价。推广效果评价的一般方法有：比较法（即比较推广前后销售额的变动情况）、顾客调查法、实验法等。企业可通过这些方法取得营业推广的成果资料，并与推广目标和计划进行分析比较，肯定成绩，找出问题，以便控制和调整营业推广过程，实现推广目标。

【学习互动】

有人说，营业推广在市场促销活动中可以无限次地经常使用。请你从营销道德和营销伦理角度说说你对这一说法的理解。

应用与实践

【营销道德与营销伦理】

背景资料：

低俗的促销

一年一度的“11·11”光棍节即将来临，某些商家就坐不住了。一家商场在官方微信上发布“脱光”免单节的消息，一时间引发不少市民转发。该商场要求只穿内衣在店内购物的顾客可获得免单奖励，当场穿走一套价值千元的衣服，限100名。活动当天，现场排队参加该活动的有100余人，最终有100人获得免单。商家如此促销引发热议，很多人觉得这样的促销实在低俗。

问题：依据背景资料，结合党的二十大报告中提出的我们要“提高全社会文明程度”，“实施公民道德建设工程”，“推动明大德、守公德、严私德，提高人民道德水准和文明素养”，分析本案例中存在哪些营销道德和营销伦理问题？

讨论分析：

个人：结合已经学习的内容和多种渠道收集的资料，试对上述实例中的问题作出你的营销道德和营销伦理分析，并说明你作出营销道德和营销伦理分析所依据的行业道德和伦理规范。

小组：同学们每四人分为一个小组进行讨论，一人记录，形成小组意见，准备在班级交流。

全班：各小组推选一位代表陈述本小组观点。

教师：记录各小组陈述要点，进行点评。

提示7-3

【实践训练】

收集营业推广实例

1. 实践训练内容

目前营业推广活动在很多大中型商场经常采用，请你走访附近的商场、超市，详细了解一种营业推广方式。要求记录活动名称、活动时间、针对的商品、营业推广的方式、具体操作方法、收到的效果以及获得的经验和教训。

2. 要求

（1）每两位同学为一组，深入商场、超市，对你们感兴趣的两种营业推广方式进行调查了解（可以是针对批发商、零售商、营销人员，也可以是针对消费者的）。

（2）通过图书馆和网络等途径，收集营业推广的相关知识及针对不同环节的营销推广案例，详细拟定调研方案和提纲。

（3）实地收集商场、超市开展营业推广活动的相关资料，形成完整的营业推广案例。内容填入表7－4，并上传到班级微信群。

表7－4　　营业推广方式调查表

商场名称	营业推广的商品名称	营业推广的时间	营业推广的目标	营业推广活动方式及具体内容	预期收到的效果	总结分析

（4）老师选取五个不同内容的营业推广案例，在班级交流，同学作点评，老师最后作总结。

任务4　了解公共关系促销

学习目标

素养目标：通过本任务知识的学习、导入案例分析和应用与实践训练，培养同学们在公关促销活动中践行营销职业道德和相关法律法规的意识。

知识目标：通过本任务知识的学习，能正确陈述公共关系的含义和公关促销的特点，公关促销促销活动方式等陈述性知识。

能力目标：通过本任务的导入案例分析和应用与实践训练，提高同学们根据小微企业的经营活动特点，策划日常公共关系活动的专业能力。

导入案例

家乐福价格欺诈

某地消费者举报“家乐福等部分超市价签标低价结账收高价”，恶意坑害消费者。经查实，确有一些城市的部分超市存在价格欺诈行为。紧随其后，央视、新华社、新浪网等国内重要的媒体连续大篇幅谴责家乐福，一时间造成了巨大的社会反响。

面对社会谴责，家乐福就价签问题发表声明称：“相关问题由于我公司价签系统不完善而造成的，我们正着手进行升级改造。针对目前出现的问题，公司特别加强了内部监督检查工作和检查频率，并积极与各地物价等监管部门进行沟通，邀请各地物价检查部门的专业人员对我公司相关负责人及员工加强培训。”然而，媒体调查显示，公众对以上补救措施并不买账。

问题：“家乐福价格欺诈事件”说明了什么？

［**提示：**面对价格欺诈，家乐福的认错态度不端正，被迫道歉缺乏诚意，敷衍了事，而且，企图虚假应付、蒙混过关，说明唯利是图是资本家的本性。对这样的企业一方面从

营销道德角度谴责，另一方面要依据相关法律进行严肃处理。任何企业面对公共关系危机事件，应该采取紧急措施，防止事态发展，要面对公众坦诚告知，表明诚意，调查情况，明了事实，针对对象，立即采取对策，并提出有针对性的实质性的改进工作意见。整个过程一定要态度诚实、办事透明、公开公正，这样才能重新建立与社会公众的良好关系。]

任务学习

公共关系是促销组合中的又一重要手段，主要目的是通过产品服务、企业或事件这些与公众相关的无须收取费用的交流，搞好企业与整个社会公众的关系。它是一种着眼于企业长期目标的间接促销手段。公共关系通过建立良好的“企业形象”。以比较低的代价对公众心理产生较强的影响。

公共关系的一个主要工具是新闻，另一个使用普遍的工具是特别活动，如新闻发布会、大型的开幕式发放书面材料，接近并影响企业的目标消费者。目前许多企业创建网站作为最好的公共关系媒介，网站也成为处理危机的理想场所。

一、公共关系的含义和特点

（一）公共关系的含义

公共关系是指企业运用有效的沟通手段使自己与公众相互了解和相互适应，以争取公众的理解、支持和协作的一系列管理活动。公共关系有利于沟通与协调企业内部以及企业与社会公众的各种联系，树立企业的良好的产品形象和企业形象，提高社会公众对企业及产品的接受程度，营造良好的市场营销环境。

公共关系是社会组织与公众之间的关系，所以公共关系的主体是社会组织，公共关系的客体是公众，公共关系的手段是传播，公共关系的目的是扩大知名度，提高美誉度。

（二）公共关系促销的特点

公共关系作为促销组合的一个部分，与其他的促销方式相比，具有以下特点：

1. 注重长期效应

公共关系要达到的目标是树立企业良好的社会形象，创造良好的营销环境。实现这一目标，需要企业长期不懈地努力。企业通过各种公共关系策略的运用，能树立良好的产品形象和企业形象，从而能长时间地促进销售，稳固占领市场。

2. 注重双向沟通

公共关系的工作对象是各种社会关系，包括企业内部和外部两大方面，企业不是孤立的经济组织，而是相互联系的“社会大家庭”中的一分子，每时每刻都与其相关的社会公众发生着广泛的经济联系和社会联系。所谓企业公共关系，就是指要与这些社会公众建立良好的关系，既要了解公众，又要让公众认识企业，愿意购买企业的商品和接受企业提供的服务。

3. 注重间接促销

公共关系的手段是有效的信息传播，而这种信息传播并不是直接介绍和推销商品，而是通过积极参与各种社会活动，宣传企业营销宗旨，联络感情，扩大知名度，从而加深社会各界对企业的了解和信任，达到促进销售的目的。其他促销方式的目的是让消费者“买我”，即买我们的商品，而公共关系促销的目的是让消费者“爱我”，爱我们的企业，进而爱我们的商品，达到间接促销的目的。

二、公共关系促销的活动方式

（一）发现新闻

新闻是以第三者的名义，通过大众媒体传播的特定信息，因而对公众的影响要大得多。所以企业要积极主动地、经常地与新闻界保持联系，了解新闻报道的重点及新闻动向，并经常、及时地向新闻界提供具有新闻价值的本企业信息。增加新闻报道的频率，从而扩大企业及其产品的影响和知名度。

（1）召开新闻发布会和记者招待会，通报企业情况，提供新闻素材。

（2）邀请新闻记者参观企业，为其采访提供方便。

（3）企业人员撰写新闻稿件寄给新闻单位，使其发表采用。

（4）创造新闻素材，吸引新闻媒介的关注。

（二）介绍情况、回答问题、发表演讲、对外开放参观

企业营销人员要利用各种场合、各种机会，灵活地运用公共关系与语言艺术，及时地介绍企业及其产品情况，回答公众关心的问题，或者在有关业务会议上发表演讲，这也是提高企业及其产品知名度的一种有效形式。对外开放参观是企业为了让公众更好地了解自己而面向社会各界开放，组织广大公众到企业参观、考察，以提高组织的透明度，争取公众了解和支持的一种重要手段。

（三）开展公益性的活动

企业积极参与社会活动和支持公益事业，如赞助文化、体育活动，捐资助学，扶贫救灾等，能够树立企业关心社会公益事业、承担一定的社会责任和社会义务的良好形象，有利于提高企业广告宣传的影响面和影响力，有利于建立与其他社会组织的友谊和感情，有利于赢得公众的好感和信任。

（四）策划专门性公关活动

企业根据营销活动的需要，可以安排一些特殊的事件来吸引公众对企业和企业商品的注意。例如，可以通过召开新闻发布会、研讨会、展览会、业务洽谈会、答谢会，举行庆典活动等。这是企业与其他组织和社会公众沟通信息、交流感情的好机会，是企业信息迅速、广泛传播的有效途径。

1. 巧抓事件

抓住一些与本企业及商品有关联的信息，采取某些措施使公众关注该事件，提高知名度和美誉度。如中国移动，利用一次海上遇难，移动手机拯救了整船人的性命的事件，制成广告，大肆宣传。

2. 制造事件

举办展览会、进行意见征集活动或征集商标、征集广告等。

（五）公关广告

在公共关系促销活动中，利用公关广告形式树立企业形象。如：

（1）形象广告。以树立企业形象为目的的广告。

（2）声明广告。表明企业对某些事件的立场和态度的广告。

（3）致歉广告。向公众表示歉意，以取得公众谅解和好感的广告。

（4）视贺广告。与本企业有密切关系的企业或单位举办重大活动时表示视贺的广告。

（5）公益广告。企业为获取公众的好感，表现社会责任而进行的有关维护社会公众利益的广告。

（六）散发宣传材料

企业可以制作各种宣传资料广为散发和传播，向公众传递有关企业及商品的信息。宣传资料可以是印刷资料，如企业宣传册、年度报告、企业刊物等；也可以是音像资料，如抖音、微博、微信等。

【学习互动】

有人说，任何企业或商品都可以为体育比赛或文艺冠名。请你从营销道德和营销伦理角度说说你对这一说法的理解。

（七）危机公关活动

当企业与公众发生冲突或发生突发事件，使公众舆论反应强烈，企业形象受到严重损害时，公共关系处于紧张状态之中。这时需要动用整个企业的力量及各种传播媒介来处理危机，协调与平衡企业与公众之间的紧张关系，变危机为商机。目前，很多企业建立网站，发布正确的信息，收集公众反映，及时公布企业的回应，网站成为处理危机的理想场所。

【学习互动】

结合实际，举出现实企业营销活动中危机公关的一个成功范例，并谈谈你的感想。

应用与实践

【营销道德与营销伦理】

背景资料：

“土坑”酸菜的道歉

2022 年的“3·15”晚会，央视曝光了“部分老坛酸菜包竟是在土坑腌制而来”的突出问题。“土坑酸菜”的整个制作过程，让人触目惊心，在土坑中放上简陋的塑料袋，里面腌制着酸菜，而操作工人们，穿着雨靴、拖鞋甚至光脚踩在上面，很多工人还抽着烟，抽完的烟头，甚至直接扔进酸菜里，地上随意地放着酸菜，卫生情况简直不堪入目。

事件发生后，插旗菜业董事长出面道歉，表示深感惭愧，向广大消费者道歉，并在往后的生产过程当中接受检查，整改到位。但是，插旗的工作人员表示，这次曝光将整个插旗害惨了，曝光视频当中的只是腌制酸菜的一个过程，并不完整，上百年来都是这样做的，怎么就会不行，并且进入市场之前，还会再清洗十多次。

问题：本实例中存在哪些营销道德和营销伦理问题？

讨论分析：

个人：结合已经学习的内容和多种渠道收集的资料，试对上述实例中的问题作出你的营销道德和营销伦理分析，并说明你作出营销道德和营销伦理分析所依据的行业道德和伦理规范。

小组：同学们每四人分为一个小组进行讨论，一人记录，形成小组意见，准备在班级交流。

全班：各小组推选一位代表陈述本小组观点。

教师：记录各小组陈述要点，进行点评。

提示 7－4

【实践训练】

收集公共关系促销实例

1. 实践训练内容

公共关系促销在商业活动中会随时用到，它对树立企业的良好形象，沟通与协调企业内部以及企业与社会公众的各种关系，创造良好的市场营销环境有重要的作用。请同学们走访附近的商场、超市，收集企业在公共关系方面成功或失败的实例，作为互相学习的资料在班级交流展示。

2. 要求

（1）每两位同学一组，深入商场、超市收集有关公共关系促销的实例。

（2）可从图书馆和网络上，收集有关公共关系促销的相关知识和典型案例。

（3）收集总结的公共关系促销实例，必须说明商场、时间、事件、公共关系促销活动方式，公共关系促销目标和实际收到的效果，给企业营销工作的启示等内容，形成一个完整的公共关系促销案例，见表 7－5。

表 7－5　　公共关系促销实例

商场名称	事件发生的时间	事件经过	公共关系促销方案	促销成效	对你的启发

（4）老师选择五个不同的公共关系促销案例，在班级交流，同学作点评，老师最后作总结。

任务 5　了解网络促销

学习目标

素质目标：通过本任务知识学习、导入案例分析和应用与实践训练，提高同学们践行网络促销职业道德的职业素养。

知识目标：通过本任务知识学习，能了解网络促销的含义和特点，熟悉网络促销的工作程序及相关规范等知识。

能力目标：通过本导入案例分析应用与实践训练，能明确网络促销的任务和要求，提升同学们的网络促销能力。

导入案例

烤鱼店爆红网络

背景与情境：

某烤鱼店位于一家大型购物商城的四楼，主打产品“烤全鱼”采用沿袭数百年的古法秘方烹制而成，深受消费者喜欢。但是，好东西也需要好的宣传，才能让更多人有口福！这家烤鱼店经过多方考虑，最终选择了借力微信第三方平台进行品牌宣传推广。不到一个月便迅速爆红于网络，成功的秘诀总的来说，分为三个步骤：

第一步，开通微信红包。该店商圈周边的人群，只需要扫一扫二维码，关注本店微信公众号就可以抢得微信红包！短短3天时间内，每天吸引粉丝800～1000名，微信公众平台粉丝数量迅速突破3000个，而且都是本地真实的活跃粉丝！

第二步：当有了足够多数量的本地精准微信粉丝之后，就可以定期通过微信免费推送信息的形式，向粉丝推送该店的微官网（微官网就是企业在微信上展示自己品牌形象及产品的平台）。

第三步：静候客户光顾，门庭若市！财源滚滚来！每天都有很多客户通过微信得知在本市有一家非常有名的烤鱼店。

问题：

这家烤鱼店微信营销的成功带给你什么启示？

[**提示：**烤鱼店选择了借力微信第三方平台进行品牌宣传推广，吸引大量的本地真实的活跃粉丝，提高了烤鱼店的知名度。中小企业运用新媒体营销是信息技术发展和适应“90后”和“00后”年轻人消费心理的有效的促销手段，中小企业都应该根据自己营销产品的特点有效地利用新媒体营销手段促进企业营销。]

任务学习

网络促销是企业利用现代网络技术向网上虚拟市场的目标顾客传递有关产品和信息，以激发客户需求，促使客户产生购买欲望并发生购买行为的各种活动，随着上网人数的快速增加和互联网应用的迅速发展，网络促销已经成为以互联网为主要手段的一种新的促销手段。

本任务主要学习网络促销的含义和特点，掌握网络广告、网络站点推广、网络销售促进和关系营销等网络促销方式，熟悉网络促销的实施过程和内容。培养同学们网络促销的意识，提高利用网络促销的能力。

一、网络促销及特点

（一）网络促销

网络促销是指利用现代化的网络技术向虚拟市场传递有关产品和服务的信息，以激发消费者的购买欲望，促使消费者做出购买行为的各种活动。常见的网络营销方式有博客营销；聊天群组营销；网络视频营销（如抖音）；双微（微博、微信）营销；网络图片营销等。

（二）网络促销的特点

1. 通过网络传递信息

网络促销是通过网络技术传递产品和服务内容、性能、功效及特征等信息的。它是建立在现代计算机与通信技术的基础之上的，并且随着计算机和网络技术的不断改进而改进。

2. 在虚拟市场上运行

网络促销是在虚拟市场上运行的，这个虚拟市场就是互联网。互联网是一个媒体，它在虚拟的网络社会中聚集了广泛的人口。是一个连接世界各国的大网络，大平台。

3. 市场更加开放

互联网虚拟市场的出现将所有的企业，不论是大企业还是中小企业，都推向了一个统一的开放市场，传统的区域性市场的小圈子正逐步被打破。

【学习互动】

有人说，任何产品都适合采用网络进行促销。请你从营销道德和营销伦理角度说说你对这一说法的理解。

二、网络促销的主要形式

微课："00后"消费者与抖音营销

1. 搜索引擎促销

根据用户使用的搜索方式，将营销信息传递给目标用户的方式来检索信息。简而言之，搜索引擎促销是基于搜索引擎平台的网络营销，它利用人们对搜索引擎的依赖和使用习惯在人们检索信息时将信息传递给目标用户。搜索引擎营销的核心是允许用户发现信息并单击进入网页以进一步了解他们所需的信息。公司通过搜索引擎支付促销费用，使用户可以直接与公司的客户服务进行交流并实现交易。

2. 即时通信营销

即时通信营销又叫 IM 营销，是企业通过即时工具 IM 帮助企业推广产品和品牌的一种手段。常用的主要有以下两种情况：第一种，网络在线交流。中小企业建立了网店或者企业网站时一般会有即时通信在线，这样潜在的客户如果对产品或者服务感兴趣自然会主动和在线的商家联系。第二种，广告。中小企业可以通过 IM 营销通信工具，发布一些产品信息、促销信息，或者通过图片发布一些网友喜闻乐见的表情，同时加上企业要宣传的标志。

3. 博客营销

博客营销是通过博客网站或博客论坛接触博客作者和浏览者，利用博客作者个人的知识、兴趣和生活体验等传播商品信息的营销活动。博客营销本质在于通过原创专业化内容进行知识分享，争夺话语权，建立起个人品牌，树立自己"意见领袖"的身份，进而影响读者和消费者的思维和购买行为。

4. 聊天群组营销

聊天群组营销是即时通信工具的延伸，具体是利用各种即时聊天软件中的群功能展开的营销，目前的群有QQ群等。它是通过发布文字、图片等方式传播企业品牌、产品和服务的信息，从而让目标客户更加深刻地了解企业的产品和服务，最终达到宣传企业品牌、产品和服务的效果，加深市场认知度的网络营销活动。

5. 网络口碑营销

网络口碑营销是把传统的口碑营销与网络技术有机结合起来的新的营销方式，是在应用互联网互动和便利的特点。在互联网上，消费者或企业销售人员以文字、图片、视频等口碑信息与目标客户之间进行互动沟通，两者对企业的品牌、产品、服务等相关信息进行讨论，从而加深目标客户的印象，最终达到网络营销的目的。

6. 网络直复营销

网络直复营销是指生产厂家通过网络，直接发展分销渠道或直接面对终端消费者销售产品的营销方式，如B2C、B2B等。网络直复营销是通过把传统的直销行为和网络有机结合，从而演变成为一种全新的、颠覆性的营销模式。很多中小企业因为分销成本过大和自身实力太小等原因，纷纷采用网络直复营销，想通过其成本小、收入大等特点，达到“以小博大”的目的。

7. 网络视频营销

网络视频营销是指企业将各种视频短片以各种形式放到互联网上，达到宣传企业品牌、产品以及服务信息的目的的营销手段。视频广告的形式类似于电视视频短片，它具有电视短片的特征，例如，感染力强、形式内容多样、肆意创意等，同时又具有互联网营销的优势，例如，互动性、主动传播性、传播速度快、成本低廉等。

8. 微博和微信营销

微博营销和微信营销都有各自的领域。微博营销只需要写140个字或图片，再添加一个短链接。微信营销需要一个带有内容的网站来显示您创建的内容，以供粉丝深入阅读，或者借此承载网站以收集用户信息。微博营销侧重于内容写作，仅传播给粉丝；而微信营销则侧重于用户互动和深入的用户服务。

9. 网络邮件营销

网络邮件营销是在用户事先许可的情况下，通过电子邮件向目标客户传递信息的一种网络营销手段。网络邮件营销有三个基本因素，即用户许可、电子邮件传递信息、信息对用户有价值，三个因素缺一不可。

10. 网络图片营销

网络图片营销就是企业把设计好的有创意的图片，在各大论坛、空间、博客和即时聊天等工具上进行传播或通过搜索引擎的自动抓取，最终达到传播企业品牌、产品以及服务目的的营销手段。

应用与实践

【营销道德与营销伦理】

背景资料：

我们在网购的时候，总会去看商铺买家秀的照片，有时候会通过查看买家的评论而觉得东西不错。可事实并非如此，买回来的东西并不像评价中那么好，让人顿时有种被骗的感觉。一些商家为了提高销量，会找“刷手”来进行虚假刷单，通过好评来吸引顾客购买商品。这些早已不是秘密了，在“双十一”这种大型的促销活动期间，刷单更是频频出现。

问题：本实例中存在哪些营销道德和营销伦理问题？

讨论分析：

个人：结合已经学习的内容和多种渠道收集的资料，试对上述实例中的问题作出你的营销道德和营销伦理分析，并说明你作出营销道德和营销伦理分析所依据的行业道德和伦理规范。

小组：同学们每四人分为一个小组进行讨论，一人记录，形成小组意见，准备在班级交流。

全班：各小组推选一位代表陈述本小组观点。

教师：记录各小组陈述要点，进行点评。

提示 7－5

【实践训练】

网络消费者调查

1. 实践训练内容

（1）目前网络促销花样很多，请调查网络消费者消费特点。

（2）按表 7－6 的内容进行调查。

表 7－6　　网络消费调查表

商品类别	喜欢网络消费的人群	网络消费的优点	网络消费存在的问题	利用的网络营销方式	网络营销平台
吃的商品					
穿的商品					
用的商品					
住的商品					

2. 要求

（1）每两位同学一组，深入调研网络消费的实例。

（2）也可从图书馆和网络上，收集有关的网络消费知识和典型案例。

（3）收集总结的网络消费实例，必须按表 7－6 的内容填写，并把填写好的网络消费调查表上传到班级微信群。

（4）教师可选择 3—5 个小组展示自己的网络消费调查表，并进行点评。

思考与练习

1. 选择题

（1）旨在鼓励购买的各种短期激励手段称为（　　）。

A. 广告宣传　　B. 人员推销

C. 促进销售　　D. 营业推广

(2) 一家公司推销大量的积压商品，可选择（　　）促销手段，效果最佳。

A. 上门推销　　B. 路牌广告

C. 公共关系　　D. 营业推广

(3) 公共关系促销的对象是（　　）。

A. 社会组织　　B. 中间商

C. 公众　　D. 企业

(4) 一些知名企业经常为各种体育比赛、文艺活动提供赞助，这是（　　）促销手段。

A. 广告宣传　　B. 人员推销

C. 公共关系　　D. 营业推广

(5) 促销组合是指企业根据促销的需要，对各种促销方式进行的适当选择和（　　）。

A. 综合促销　　B. 综合管理

C. 综合编配　　D. 综合供应

(6) 促销策略包括（　　）。

A. 推式促销　　B. 拉式促销

C. 地毯式促销　　D. 全面促销

(7) 营业推广的目标是（　　）。

A. 促进产品适销对路　　B. 刺激顾客即兴购买

C. 提高市场占有率　　D. 树立良好的企业形象

(8) 针对推销人员的营业推广方式有（　　）。

A. 推销竞赛　　B. 推销津贴

C. 推广资助　　D. 协助经营

2. 判断题

(1) 促销的实质是营销者与购买者之间的沟通活动。（　　）

(2) 人员推销是一种“拉”式促销策略。（　　）

(3) 公共关系的目标是塑造企业形象，提高企业的知名度和美誉度。（　　）

(4) 最适宜完成一些短期促销任务的促销工具是上门推销。（　　）

(5) 人员推销最大的特点是面对面地与顾客交流。（　　）

(6) 营业推广是一种经常性的、无规则的促销活动。（　　）

(7) 人员推销过程中，在与顾客推销面谈时应开门见山，直奔主题。（　　）

项目七习题答案

项目八 PPT

项目八
销售分析与绩效考评

任务 1　销售分析

学习目标

素质目标：通过本任务知识学习、导入案例分析和拓展训练，提高同学们在营销分析活动中牢记营销职业道德，坚守道德底线的意识。

知识目标：通过本任务知识学习，能陈述销售分析，销售成本，销售额分析，销售成本分析等陈述性知识。

能力目标：通过本任务导入案例分析和应用与实践训练，能培养利用相关指标、选择不同方法进行销售分析和基本的绩效评价的专业能力。

导入案例

商场春节后怎么过？

据某市贸易局统计数据显示，去年，从农历大年二十九至正月初五，十几家大超市销售累计降幅为 1.2%，其中初一、初四的降幅较大，但 1 月 24 日（年二十九）的销售略有增长。

从 1 月 24 日至 1 月 30 日，××大厦、百货大楼、××百货、解百四家商场累计销售 18637.41 万元，比去年同期降低 11.68%，其中 1 月 26 日（初一）当天降幅更是高达 32% 左右；苏宁、永乐、国美、五星等五大家电通信卖场累计销售 4586.13 万元，同比降低 44.20%，单店降幅最高达五成多。

据业内人士分析，因为该市为沿海城市，外贸出口量较大，所以受到的经济冲击也较严重；即使今年春节期间，市政府向市民发放了亿元消费券。他同时不无惆怅地向联商网编辑表示，面对经济危机，去年的十一黄金周是中国零售业的第一个拐点，今年春节则是第二个拐点。节后销售惨淡更是难以避免。行业内正在发生一些变化，比如大型商场的服装销售开始下降，而超市的服装销售在增长，这里就有顾客消费心理的作用，他们的意识里认为大商场的服装相对价格较高，而超市较低端。

联商网《店长》专栏作者周勇教授建议，“今年春节后怎么过？我觉得应该注意两个基本点：一是超越单纯的盈利性目标，以现金流量的把握为重点，包括对自己、对供应商。沃尔玛可以降价20%来促销，我们为什么不能做？零售前几年赚了钱，现在大家遇到困难，就应该拿出一部分钱惠及我们的相关群体。二是要给顾客真正的实惠，不要用噱头来引诱顾客，一个企业的生命力体现在哪里？在最困难的时候，顾客、员工、供应商仍然很忠诚！”

（资料来源：联商网）

问题：本市各商场遇到的实际问题是什么？你是如何得出这一结论的？

［**提示：**案例中应用比较分析的方法得出本市各大商场销售额急剧下降，年后可能会更加销售低迷。面对以上问题，案例中已经提示了如何扩大销售额渡过难关的方法，另外，可以在降低销售成本上做文章。］

任务学习

现代市场营销活动的目的是促进商品销售，获得利润，企业营销效果如何，就应该进行必要的销售和绩效分析。销售分析从单纯依靠经验判断发展到了依靠数据分析，绩效分析主要评价企业营销效果。所以，现代企业必须正确认识销售和绩效分析，并应用数据和分析工具来进行分析。

一、销售额分析

（一）销售额分析概述

销售额分析与评价是销售分析的重要内容，计划执行的结果不仅取决于计划制定得是否正确，更有赖于计划执行与控制的效率如何。销售额分析，就是通过对企业全部销售数据的研究和分析，比较和评估实际销售额与计划销售额之间的差距，为未来的销售工作提供指导。

在实际工作中销售分析有以下两种：

（1）企业销售差异分析。就是分析并确定不同因素对销售绩效的不同作用。

（2）特定产品或地区销售差异分析。就是具体分析和确定未能达到计划销售额的特定产品或地区等。

（二）销售额分析的目的

1. 销售额分析是企业进行销售业绩考评的依据

进行销售额分析，就是要在销售管理过程中及时发现问题，并分析和查找原因，以便及时采取措施，解决问题。销售额分析与评价的结果，也是对各级销售经理和营销人员进行绩效评估的基本依据。

2. 分析企业各产品对企业的贡献程度，针对产品采取相应的营销对策

通过对各商品销售额的分析，可以得出企业所生产产品的市场占有率，市场占有率是反映产品市场竞争力的重要指标。同时，也可以通过对销售额的分析得出各产品的市场增长率，市场增长率是衡量产品发展潜力的重要指标。根据市场增长率和市场占

有率，大致可以了解产品对企业的贡献程度，企业据此可以对相应的产品采取合适的销售策略。

通过市场增长率和市场占有率两个因素相互作用，会出现四种不同性质的产品类型，形成不同的产品发展前景：销售增长率和市场占有率“双高”的产品群（明星类产品）；销售增长率和市场占有率“双低”的产品群（瘦狗类产品）；销售增长率高、市场占有率低的产品群（问题类产品）；销售增长率低、市场占有率高的产品群（金牛类产品），如图 8－1 所示。

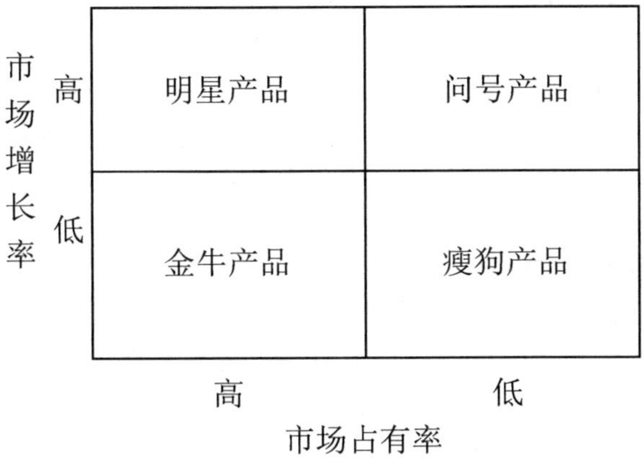

图 8－1　波士顿矩阵图

（1）明星产品。明星产品是指处于高增长率、高市场占有率象限内的产品群，这类产品可能成为企业的金牛产品，需要加大投资以支持其迅速发展。采用的发展战略是：积极扩大经济规模和市场机会，以长远利益为目标，提高市场占有率，加强竞争地位。

（2）金牛产品。金牛产品又称厚利产品，是指处于低增长率、高市场占有率象限内的产品群，已进入成熟期。其财务特点是销售量大，产品利润率高、负债比率低，可以为企业提供流动资金，而且由于增长率低，也无须增大投资。因而成为企业回收资金，支持其他产品，尤其明星产品投资的后盾。对于这一象限内的销售增长率仍有所增长的产品，应进一步进行市场细分，维持现存市场增长率或延缓其下降速度。

（3）问号产品。问号产品是处于高增长率、低市场占有率象限内的产品群。前者说明市场机会大，前景好，而后者则说明在市场营销上存在问题。其财务特点是利润率较低，所需资金不足，负债比率高。例如，在产品市场生命周期中处于投入期、因种种原因未能开拓市场局面的新产品即属此类问题的产品。对问题产品应采取选择性投资战略。

（4）瘦狗产品。瘦狗产品也称衰退类产品，它是处在低增长率、低市场占有率象限内的产品群。其财务特点是利润率低、处于保本或亏损状态，负债比率高，无法为企业带来收益。对这类产品应采用撤退战略：首先应减少批量，逐渐撤退，对那些销售增长率和市场占有率均极低的产品应立即淘汰；其次是将剩余资源向其他产品转移；最后是整顿产品系列，最好统一管理。

3. 分析本企业的经营状况，为改善企业经营状况提供相关数据

采用盈亏平衡点对本企业的销售额和经营成本进行分析，可以得出本企业的经营状况信息。若企业实际销售额高于盈亏平衡点的销售额，企业就有盈利；若等于或低于盈亏平衡点的销售额，则企业处于保本或亏损状态。

4. 对企业的客户进行分析，认识客户价值，做好客户服务工作

企业要将客户按客户价值分成不同的等级，这样企业就能将有限的时间、精力、财力放在高价值的客户身上。

（三）销售额分析的内容

1. 市场占有率分析

市场占有率又称市场份额，是指在一定时期内，企业产品在市场上的销售额或销售量占同类产品销售总量或销售总额的比重。市场占有率高，说明企业在市场上处于优势地位，适应市场的能力强；市场占有率低，说明企业在市场上处于劣势，适应市场能力弱。用公式表示如下：

$$\text{市场占有率} = \frac{\text{本期企业某种产品的销售额}}{\text{本期该产品市场销售总额}} \times 100\%$$

企业产品的市场占有率情况可以概括为市场占有率上升、市场占有率下降和市场占有率不变三类。

（1）市场占有率上升。

市场占有率上升大致可以分为以下四种情况：①企业产品的销售增长速度快于行业的增长速度；②企业产品的销售额增加，市场上同类产品的销售额不变；③企业产品的销售额不变，市场上同类产品的销售额下降；④企业产品的销售下降速度低于行业的下降速度。

（2）市场占有率下降。

市场占有率下降大致可以分为以下四种情况：①本企业产品的销售额下降，市场同类产品的销售额不变；②企业产品的销售下降速度大于行业的下降速度；③本企业产品的销售额不变，市场同类产品的销售额增加；④企业产品的销售增长速度低于行业的增长速度。

（3）市场占有率不变。

市场占有率不变大致可以分为以下三种情况：①企业产品的销售额与市场上同类产品的销售额以相同比例增加；②企业产品的销售额与市场上同类产品的销售额以相同比例下降；③企业产品的销售额与市场上同类产品的销售额均维持在原有水平上保持不变。

2. 总销售额的分析

总销售额是企业所有客户、所有地区、所有产品销售额的总和。这一数据可以展现一个企业的整体运营状况。总销售额分析一是要分析公司近几年的销售趋势，二是分析公司在整个行业的市场占有率的变动趋势。对于管理者来说，销售趋势比某一年的销售额更重要，其中包含一是企业近几年的销售趋势，二是企业在整个行业的市场占有率的变动趋势。

例如：根据表8－1分析企业的销售趋势与市场占有率趋势。

表 8－1 企业销售表

年 度	企业销售额（万元）	行业销售额（万元）	企业市场占有率（%）
2018	21	300	7
2019	22	320	6.9
2020	23	360	6.4
2021	25	390	6.4
2022	27	410	6.6

启示：销售趋势与市场占有率比单纯分析销售额更重要。

3. 地区销售额分析

只对总销售额的分析是不够的，不能为企业管理层提供销售进程中的详尽资料，对管理层的价值有限，所以还需要按地区对销售额作进一步分析，见表 8－2。

表 8－2 某公司五个地区销售额分析

地区	市场指数（%）	销售目标（万元）	实际销售（万元）	实际市场指数（%）	业绩完成率（%）	销售额偏差（万元）
A	27	3 645	2 700	20	74	－945
B	22	2 970	3 690	27.3	124.2	+720
C	15	2 025	2 484	18.4	122.7	+459
D	20	2 700	2 556	19	94.7	－144
E	16	2 160	2 100	15.3	97.2	－60
合计	100	13 500	13 530	100	100.2	30

注：市场指数指地区销售占公司总销售的百分比。

例如，某公司的实际销售额完全按照原计划目标实现，但是从表 8－2 中可以看出，地区之间的销售额并不令人满意，因此应当重点分析 B、C 区成功经验，从而改善 A 区的工作。

4. 产品销售额分析

与按地区分析销售额一样，按产品系列分析企业销售额对企业管理层的决策也很有帮助。

从表 8－3 中可以看出，A 地区的三种产品和 B 地区的一种产品与目标有偏差，从而帮助企业管理层作出正确的决策。

表 8－3 某户外用品企业 A、B 两地区产品销售业绩分析

产品	A 地区			B 地区		
	目标	实际	偏差	目标	实际	偏差
滑雪板	1 629	1 710	+81	1 263	1 620	+357
滑雪裤	900	360	－540	765	1 080	+315
风雪衣	846	396	－450	720	630	－90
附件	270	234	－36	222	360	+138
合计	3 645	2 700	－945	2 970	3 690	+720

【学习互动】

地区销售额分析与产品销售额分析的相同点和不同点是什么？

二、销售成本分析

一定销售量的获得总是以一定的销售成本付出为代价的，如果一个企业不进行销售成本分析，就很难知道投入与产出之间的关系，也就很难有效地分配销售资源、确定销售地区和目标市场。投入产出分析，正是销售成本分析的目的所在。

（一）销售成本

在销售管理活动中，成本分析是销售额分析的补充。销售额分析是着重对已获得销售成果进行分析，而销售成本分析就是对影响销售成本的数据进行收集、分类、比较和研究。

销售成本是指在销售过程中发生的、为实现销售收入而支付的各项费用，包括：营销人员报酬、广告费用、公关费用、业务费用、售后服务费用和销售物流费用，见表8-4。

【学习互动】

有人说，销售成本应该控制得越少越好。请你从营销道德和营销伦理角度说说你对这一说法的理解。

表8-4 销售成本构成表

销售成本构成		具体项目
推销费用	营销人员报酬	底薪、佣金、奖金等
	广告费用	广告策划费、媒体费、制作费、管理费和杂费等
	公关费用	公关人员费用、赞助费用、会议费用费等
	业务费用	培训费、差旅费、会议费、销售折扣与折让、坏账损失、印刷费等
管理费用	售后服务费用	消耗材料与燃料动力费、工资及附加费、顾客损失赔偿费等
	物流费用	库存费用、包装费用和运输费用等

（二）销售成本分析的目的

企业进行销售成本分析的目的，主要表现为：用以作为拟定企业销售政策的基础；为选择销售途径提供依据；为制定价格或计算折扣比率提供依据；用以作为销售活动的管理资料。

（三）销售成本分析的内容

通过对企业销售成本分析，可以知道销售成本的组成，从而加强成本控制，减少不能为企业带来利润的成本，增加企业的盈利能力。

1. 推销费用率

推销费用率就是推销费用占销售总额的比率。

推销费用率 =（推销费用 ÷ 销售总额）×100%

分析推销费用占销售总额的比率，用于确定销售费用的分配是否得当、结构是否平衡、效率是否优异，以分析其得失原因从而求得改进。各行业推销费用率的标准不一，通常在 10%—20%。

2. 管理费用率

管理费用率是管理费用与销售总额的比率。

管理费用率 =（管理费用 ÷ 销售总额）×100%

分析管理费用占销售总额的比率，以测定管理费用是否过高、有无浪费。各行业管理费用率的标准不一，通常在 10%—20%。

三、销售分析方法

（一）比较分析法

将两个或两个以上的同类经济指标进行数量比较，从而揭示它们的差异和程度，并对有关指标进行评价的办法，是经济活动分析的基础。

1. 比较分析绝对值

一是实际与计划比：如计划销售 1850 万元，实际销售 2000 万，2000 - 1850 = 150（万元），即超额完成 150 万元。

二是本期与去年同期比：又如去年同期 1750 万元，问比去年同期增加多少？2000 - 1750 = 250（万元），即比去年同期增加 250 万元。

2. 比较分析相对值

一是实际与计划比：按照上例中的数据，实际销售比计划销售增长幅度是多少？150 ÷ 1850 × 100% = 8.1%，即比计划销售增长 8.1%。

二是本期与去年同期比：按照上例中的数据，今年比去年同期增长幅度是多少？250 ÷ 1750 × 100% = 14.29%，即比去年同期增长 14.29%。

（二）动态分析法

用同一经济指标对不同时期的两个数值进行比较，用来观察这一指标在时间上的变动情况来揭示这一经济指标的发展趋势。包括：增长量、增长幅度（这两种方法同比较分析法）、发展速度（可以与计划比，也可与基期比）。

发展速度 = 实际数值（报告期数值）÷ 基期数值 × 100%

增长速度 = [（实际数值 - 基期数值）÷ 基期数值] × 100%

发展速度 = 增长速度 + 1

发展速度 = 2000 ÷ 1750 × 100% = 114.29%

增长速度 =（2000 - 1750）÷ 1750 × 100% = 14.29%

发展速度 = 114.29% - 1 = 增长速度 14.29%

（三）结构分析法

某个指标的各个组成部分占整体指标的比重来分析。

某部分结构 =（组成部分数值 ÷ 整体数值）×100%

例如：企业测算其畅销商品就可以用结构分析法来解决。假设企业共经营十种商品，分别计算每一种商品销售额占总销售额的比重，销售占比超过 10% 的商品就是这家企业的畅销商品。

（四）因素分析法（替代法）

因素分析法是用实际数和基数的差额来寻找差异。分析步骤为：列出算式（分析对象的确定）因素替代、找出差异、汇总结论，见表8－5。

表8－5　　某企业计划与实际销售对比表　　单位：元

项目	计划	实际	差异
销售	380000	400000	＋20000
毛利率	12%	12.5%	＋0.5个百分点
毛利额	45600	50000	＋4400

实际比计划增加毛利额：

50000－45000＝4400（元）

毛利额的增加受两个因素的影响：

（400000－380000）×12%＝2400（元）（由于销售额增加而影响的毛利额）

（12.5%－12%）×400000＝2000（元）（由于毛利率提高而影响的毛利额）

综合影响：4400元＝2400元＋2000元

（数据资料来源：周勇．连锁超市运作规范［M］．北京：立信会计出版社，2019.）

应用与实践

【营销道德与营销伦理】

背景资料：

比亚迪汽车　研发不计成本

在消费不断升级的趋势下，中国消费者越来越关注车辆的健康安全。比亚迪从用户需求出发，不惜投入、不断探索，尽全力为用户营造健康、舒适、高品质的出行空间，让出行变得更加美好。在车内健康安全领域，比亚迪用多年的研发成果积累和越级的用料水平，给比亚迪用户带来了舒适、安全、健康的车内空间享受。未来，随着更多研发技术的产出，比亚迪用户也可享受到更为科技、智能、健康的车内空间。比亚迪汽车不计成本地研发为车辆健康安全树立的新高度，不仅是中国汽车的骄傲，更是中国汽车工程师努力多年的成果。

问题：依据背景资料，结合党的二十大报告中提出的我们要“实现高水平科技自立自强，进入创新型国家前列”，分析本案例中存在哪些营销道德和营销伦理问题？

讨论分析：

个人：结合已经学习的内容和多种渠道收集的资料，试对上述实例中的问题作出你的营销道德和营销伦理分析，并说明你作出营销道德和营销伦理研分析依据的行业道德和伦理规范。

小组：同学们每四人分为一个小组进行讨论，一人记录，形成小组意见，准备在班级交流。

全班：各小组推选一位代表陈述本小组观点。

教师：记录各小组陈述要点，进行点评。

提示8－1

【实践训练】

便利店销售分析

1. 实践训练内容

（1）假如你负责一家便利店，2019年年终两个月的销售数据见表8－6，请选择合适的分析方法对便利店进行销售分析。

表8－6　便利店销售状况　单位：元

时间	销售额		毛利额		销售成本	
	计划	实际	计划	实际	计划	实际
2019年11月	42000	41850	14700	15520	8400	8152
2019年12月	45000	49670	15750	16780	9000	9365

（2）依据表8－6中的数据，计算表8－7中的数据。

表8－7　销售分析计算表　单位：元

时间	销售额		毛利额		销售成本	
	实际比计划增减额	增减%	实际比计划增减额	增减%	实际比计划增减额	增减%
2019年11月						
2019年12月						

（3）用因素分析法分析表8－6中的数据，分别计算企业11月和12月，由于销售额和销售成本的变化，对毛利的影响。

2. 要求

（1）学生两人分为一组。

（2）利用上述资料按要求进行分析。把分析结果上传到班级微信群。

（3）每个小组用适当的方式展示小组分析的结果。

（4）老师选取3个小组，在班级交流分析结果，其他小组同学可提问或点评，老师作总体点评。

任务2　营销人员绩效考评

学习目标

素质目标：通过本任务知识学习、导入案例分析和应用与实践训练，提高同学们关注绩效中对绿色营销、可持续营销和职业道德因素的考核意识。

知识目标：通过本任务知识学习能陈述营销人员绩效考评、绩效考评的程序及考评方法等陈述性知识。

能力目标：通过本任务导入案例分析和应用与实践训练，能明确绩效考评的注意问题，培养利用相关指标、选择不同方法进行绩效考评的专业能力。

导入案例

小王的困惑

小王是一家私营企业的营销主管，在去年年终考评时，小王的营销经理同他谈话。当时小王很是不安，虽然一年来的营销任务都已经超额完成，但是，他是一个较为内向的人，平时不常和上司交往，这让他很担心。

在谈话中，经理对小王的工作总体上很满意，但同时也指出了他在工作中应当改进的地方，小王也认可这些建议，整个谈话非常令人愉快。

最终，当小王看到自己的年终绩效考评结果时，小王感到非常震惊并难以置信，考评的书面报告中罗列了他的很多问题，而一年来的成绩只字不提。小王知道，书面考评结果是要装入个人档案长期保存的，这有可能对小王今后的工作产生一定影响，小王为此十分困惑。

问题：你怎样看待小王的这次考评？

[**提示：**对小王的这次绩效考评工作存在着一定的问题，考评的操作过程与结果并不公开与规范，关键是结果与实际不符，没有做到客观公正的考评。作为小王来说，应当及时向公司人事部门提出异议并反映情况，必要时小王可以要求重新考评。]

任务学习

在整体市场营销的过程中，人的因素起到了关键作用。如何对营销人员进行评价与考核，从而调动他们的工作热情与积极性就显得尤为重要。在营销绩效考评过程中，应当把握绩效考评的原则与注意问题，遵循一定的绩效考评程序，选择合适的方法对营销人员合理考评。

绩效考评是通过系统的方法和原理来评定预测营销人员在职务上的工作行为及工作效果。绩效考评的结果直接影响到营销人员薪酬的调整、奖金的发放及职务的升降等，涉及员工的切身利益。

一、营销人员绩效考评的原则

（一）公开原则

公开就应该最大限度地减少考评者和被考评者双方对考评工作的神秘感，绩效标准和水平的制订是通过协商来进行的，考核结果公开，使考评工作制度化。

（二）客观原则

客观性原则，即用事实说话，切忌主观武断。缺乏事实依据，宁可不做评论，避免人与人之间的攀比，破坏团队的团结。

（三）反馈原则

在绩效考评之后重视反馈的原则，进行面谈讨论，把结果反馈给被考评者，同时听取被考评者的意见及自我评价情况，存在问题不要紧，应给予改正的机会，达到互相信赖的关系。

(四) 可行性和实用性原则

可行性是指：①和绩效标准相关的资料来源可靠；②潜在的问题分析，预测在考评过程中可能发生的问题、困难和障碍等问题清晰，准备应变措施得当。

实用性是指：①考评的手段有助于组织目标的实现；②考评的方法和手段与相应的岗位以及考评的目的相适应。

(五) 时效原则

绩效考评是对考核期内的所有成果，形成综合的评价，而不是将本考核期之前的行为强加于当期的考评结果中，也不能取近期的业绩或比较突出的一两个成果过来代替整个考核期的绩效进行评估，这就要求绩效数据与考核时段相吻合。

(六) 工作相关原则

考评过程应与工作相关，就事论事。绩效考评的项目是针对工作，不可将与工作无关的因素带入考评工作，更不可涉及人员的隐私。

二、绩效考评的程序

营销人员的绩效考评工作应严格按照一定的程序进行。只有程序规范才可能对营销人员的业绩作出合理、全面、科学的评定。

(一) 收集考评资料

(1) 营销人员的销售报告。

(2) 企业销售记录，如顾客记录、区域销售记录、销售费用支出记录等。

(3) 顾客意见，如顾客投诉、顾客调查资料。

(4) 企业内部员工的意见，主要是反映营销人员合作态度和人际关系技能方面的信息。

(二) 建立绩效标准

1. 客观性绩效标准

客观性绩效标准主要是反映营销人员的职务履行情况，对应于工作的客观完成情况。客观性绩效标准主要有以下指标：

(1) 销售量；

(2) 毛利；

(3) 订单的数量和订单平均规模；

(4) 平均每天访问顾客的次数；

(5) 平均访问成功率；

(6) 直接销售成本。

2. 主观绩效标准

主观性绩效标准主要是反映营销人员的工作职能的整体情况，对应于营销人员自身的工作能力。主观性绩效标准主要有以下指标。

(1) 销售技巧标准，包括发现卖点、产品知识、倾听技巧、获得客户参与、克服客户异议、达成交易等。

（2）销售区域管理标准，包括销售计划、销售记录、客户服务、客户信息的收集与跟踪等。

（3）个人特点，包括工作态度、人际关系、团队精神、自我提高等。

【学习互动】

主观性绩效标准相对于客观性绩效标准而言，不能将指标进行量化，你认为针对主观性绩效标准应该如何进行衡量呢？

（三）选择考评方法

1. 横向比较法

横向比较法就是把各位营销人员的销售业绩进行比较和排队。通过将重要指标进行比较，得出相应营销人员的当期绩效成绩，从而进行评价。

例如，表8－8中，将三名营销人员分别比较，最终发现营销人员C的绩效最高。

表8－8　三名营销人员绩效考评表

考评因素		A	B	C
销售额	①权数	5	5	5
	②目标（万元）	50	40	60
	③完成（万元）	45	32	57
	④达成率（%）	90	80	90
	⑤绩效水平（权数×达成率）	4.5	4.0	4.5
订单平均批量	①权数	3	3	3
	②目标（万元）	800	700	600
	③完成（万元）	640	630	540
	④达成率（%）	80	90	90
	⑤绩效水平（权数×达成率）	2.4	2.7	2.7
每周平均访问次数	①权数	2	2	2
	②目标（万元）	25	20	30
	③完成（万元）	20	17	24
	④达成率（%）	80	85	80
	⑤绩效水平（权数×达成率）	1.6	1.7	1.6
绩效合计		8.5	8.4	8.8

2. 纵向分析法

纵向分析法是将同一营销人员的现在和过去的工作实绩进行比较，通过对比得出同一营销人员的考评绩效。

纵向分析不仅能够得出营销人员的绩效水平，更为重要的是，纵向分析法在客观比较相应数值的基础上，还可以得出营销人员的销售绩效的相关变化趋势，从而能对营销人员进行主观性绩效标准的相关评价。

实　例

试根据表8－9，运用纵向分析法分析该名营销人员的绩效状况。

表8－9　　同一营销人员不同时期营销绩效对比表

考评因素	2018年	2019年	2020年	2021年
（1）产品A的销售额（万元）	376 000	378 000	410 000	395 000
（2）产品B的销售额（万元）	635 000	660 000	802 000	825 000
（3）销售总额（万元）③＝①＋②	1 011 000	1 038 000	1 212 000	1 220 000
（4）产品A的定额达成率（%）	96.0	92.6	88.7	85.2
（5）产品B的定额达成率（%）	118.3	121.4	132.8	130.1
（6）产品A的毛利（元）	75 200	75 600	82 000	79 000
（7）产品B的毛利（元）	63 500	66 000	80 200	82 500
（8）毛利总额（元）⑧＝⑥＋⑦	138 700	141 600	162 200	161 500
（9）销售费用（元）	16 378	18 476	18 665	21 716
（10）销售费用率（%）⑩＝⑨/③	1.62	1.78	1.54	1.78
（11）销售访问次数	1650	1 720	1 690	1 630
（12）每次访问成本⑫＝⑨/⑪	9.93	10.74	11.4	13.32
（13）平均客户数	161	165	169	176
（14）新客户数	16	18	22	27
（15）失去客户数	12	14	15	17
（16）每个客户平均购买额⑯＝③/⑬	6 280	6 291	7 172	6 932

启示：对于同一名营销人员按照近三年的相关工作业绩进行比较发现，该名营销人员近三年的总体营销绩效呈上升趋势，尤其2020年的营销绩效最好。

【学习互动】

有人认为，通过绩效考评算出排名的营销人员，必须实行末位淘汰。请你从营销道德和营销伦理角度说说你对这一说法的理解。

3. 360度考核法（全视角考核法）

由上级、其他部门上级、下级、同事和顾客对营销人员进行多层次、多维度的评价，这样可以综合不同评价者的意见，得出一个全面、公正的评价结果，这就是360度的考核体系，如图8－2所示。

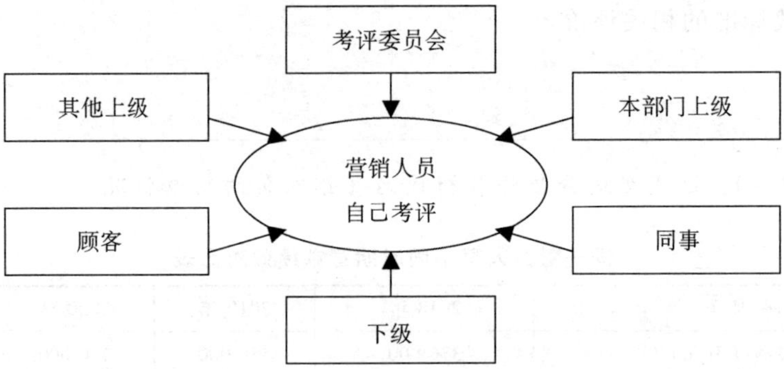

图 8－2　360 度考评体系示意图

4. 关键绩效指标考核法（KPI）

通过对营销人员工作绩效特征的分析，提炼出最能代表绩效的若干关键绩效指标，并以此为基础进行绩效考核。

对营销人员进行的关键绩效考核通常有以下几种指标：

（1）客户满意度，如客户满意度提高率或客户投诉量；

（2）平均销售订单数额，如平均销售订单额或销售订单额增长率；

（3）货款回收，如货款回收额或货款回收目标完成率；

（4）销售费用，如直接销售费用率或直接销售费用降低率。

（四）营销人员的绩效考评的实施

对营销人员的绩效进行具体的考评，一般包括以下内容：

（1）日活动情况考评，营销人员要填写好销售日报表。

（2）月度业绩考评，主要考核营销人员月度和年度销售业绩，包括各类财务指标如销售额、利润率、回款率等。

（3）服务能力考评，如营销人员的投诉率等。

（4）工作能力考评，主要包括沟通能力、创新能力、信息处理能力、与人合作能力等。

（五）考评结果的反馈

1. 对被考核者的表现达成双方一致的看法

对同样的行为表现，往往不同的人会有不同的看法。管理者对员工的考核结果代表的是管理者的看法，而员工可能会对自己的绩效有另外的看法，因此，必须进行沟通以达成一致的看法，这样才能制定下一步的绩效改进计划。

2. 使员工认识到自己的成绩和优点

每个人都有被别人认可的需要，当一个人做出成绩时，他需要得到其他人的承认和肯定。因此，绩效反馈面谈的一个很重要的目的就是使员工认识到自己的成绩，从而对员工起到积极的激励作用。

3. 指出员工有待改进的方面

员工的绩效中可能存在一些不足之处，或者员工目前的绩效表现比较优秀，但如果今后想要做得更好仍然有一些需要改进的方面，这些都是在绩效反馈面谈的过程中应该指出的。通常来说，员工想要听到的不只是肯定和表扬的话，他们也需要有人中肯地指出其有待改进的方面。

4. 制订绩效改进计划

在双方对绩效考核的结果达成一致意见之后，员工和管理者可以在绩效反馈面谈的过程中一同制订绩效改进计划。通过绩效反馈面谈，双方可以充分地沟通关于改进绩效计划的方法和制订相应的具体计划。

5. 协商下一个绩效周期的目标与绩效标准

一个绩效周期的结束，同时也是下一个绩效周期的开始。因此上一个绩效周期的绩效反馈面谈可以与下一个绩效周期的绩效计划面谈合并在一起进行。

三、绩效考评应注意的问题

（一）考评要客观公正

（1）以共同的利益、共同的理想追求与道德标准为基础，强调管理的科学性与人性化的结合、科学管理和全员管理的结合。

（2）业绩考评与素质考评相结合，既考察营销人员工作业绩，又着眼于营销人员的发展，强调产出与人才培养的结合、销售业绩与企业文化的结合。

（3）在考评环节上，实行长短结合，强调过程控制与目标控制的结合。

（4）在考评过程中实行上下结合、纵横结合，上级评议、下级评议、同级评议、内部评议、客户评议等多种评议方法相结合。

（5）在考评方法上，定性考评与定量考评相结合，并最大限度地量化各项考评指标，使之易于把握和衡量，从而使考评力求准确。

（6）考评结果与工资奖金分配、人员任用挂钩，强调奖罚兑现。

（二）科学设计绩效考核指标

（1）绩效标准必须具有战略导向性。

（2）绩效考评标准的水平要适度。

（3）绩效标准要有一定的稳定性。

（三）考评操作过程要规范化

（1）要确保考评者个人对在业绩评价工作中容易出现的问题有清楚的了解。

（2）选择正确的绩效考评工具。

（3）对考评人员进行如何避免绩效考评误差问题的培训。

（4）减少外部因素对工作绩效考评所带来的限制。

（四）建立绩效考评档案

销售经理要为每一名员工建立一份有效的绩效档案，记录营销人员的绩效目标、绩效能力、绩效表现、绩效考评结果以及需要改进的绩效缺陷等。

微课：华为员工的绩效考核

应用与实践

【营销道德与营销伦理】

背景资料：

A公司是一家生产、销售乳制品的大型食品饮料企业。该公司产品主要销往市内各大商场、超市等零售网点。销售员每天都要深入各个卖场，除了新品谈判、贷款结算业务外，更重要的是网络维护，卖场销售情况反馈、终端促销员管理等工作。由于公司近几个月已经没有新产品推出，并且贷款结算大都为月结，规律性较强，公司陈老板便认为员工无所事事，甚至没有作为。于是他找到了主管营销的副总经理，让其拿出一套绩效考核体系，以加强对销售人员管理，防止他们在市场上“浪费”时间。营销副总接受任务后，绞尽脑汁地设计出了一套表格，要求销售人员逐日填写每天访问客户的时间、接洽人、工作内容、接洽人电话等内容。刚开始，销售人员还如实填写，但后来便产生了抵触情绪，认为这是公司对员工的严重不信任，于是就开始在表格上信手“涂鸦”。虽然营销副总也曾打电话给客户以监督、检查表格内填写内容是否真实，可是执行起来并不容易，经常找不到人，并且客户也没有义务配合你，而营销副总又不能到各个网点去核查，实际上这种考核“流产”了，根本反映不了销售人员的实际工作量。

问题：本实例中存在哪些营销道德问题？

讨论分析：

个人：结合已经学习的内容和多种渠道收集的资料，试对上述实例中的问题作出你的营销道德和营销伦理分析，并说明你作出营销道德和营销伦理分析所依据的行业道德和伦理规范。

小组：同学们每四人分为一个小组进行讨论，一人记录，形成小组意见，准备在班级交流。

全班：各小组推选一位代表陈述本小组观点。

教师：记录各小组陈述要点，进行点评。

提示 8-2

【实践训练】

企业营销人员的绩效考评调查

1. 实践训练内容

（1）背景资料：去你们熟悉的一家营销企业，针对4家不同类型企业调查了解或走访营销人员，了解企业营销人员的绩效考评方法。

（2）通过学习营销人员绩效考评相关内容，结合企业的走访调查，了解不同企业营销人员绩效考评原则、程序、方法等内容，认真填写企业绩效评价调研表，见表8-10。

表8-10　绩效评价调研表

项目	服装专卖店	中小型超市	餐饮服务企业	快捷酒店
绩效考评程序				
绩效考评方法				
员工对绩效评价的意见				

2. 要求

（1）学生8人一组，每两个人调查了解一种类型企业，8人共同协商完成本实训内容。

（2）通过调查走访4家企业了解实际情况。

（3）小组共同填写绩效评价调研表，小组成员之间可互相交流、修改完善，把完善后的绩效评价调研表上传班级微信群。

（4）老师选择有代表性的4个小组在班级交流，老师最后作点评。

思考与练习

1. 选择题

（1）销售分析就是要检查企业的实际绩效与（　　）之间的偏差。

A. 销售成本　　B. 企业盈利

C. 计划绩效　　D. 市场占有率

（2）明星产品是处于（　　）象限内的产品群。

A. 高增长率　　B. 低增长率

C. 高市场占有率　　D. 低市场占有率

（3）问号产品是处于（　　）象限内的产品群。

A. 高增长率　　B. 低增长率

C. 高市场占有率　　D. 低市场占有率

（4）瘦狗产品是处于（　　）象限内的产品群。

A. 高增长率　　B. 低增长率

C. 高市场占有率　　D. 低市场占有率

（5）金牛产品是处于（　　）象限内的产品群。

A. 高增长率　　B. 低增长率

C. 高市场占有率　　D. 低市场占有率

（6）销售的分析方法主要包括（　　）。

A. 比较分析法　　B. 动态分析法

C. 结构分析法　　D. 因素分析法

（7）以下哪一项指标不属于客观性绩效考评标准（　　）。

A. 销售额　　B. 毛利率

C. 顾客投诉量　　D. 销售成本

（8）以下哪一项指标属于主观性绩效考评标准（　　）。

A. 销售额　　B. 毛利率

C. 团队合作次数　　D. 销售成本

（9）纵向分析法重点是对（　　）进行绩效考评的方法。

A. 单个营销人员　　B. 多个营销人员

C. 两个营销人员　　D. 营销团队内部的各个成员

（10）对营销人员绩效考评应当注重（　　）。

A. 客观公正　　B. 科学设计

C. 准确规范　　　　D. 人际关系

2. 判断题

（1）客观性绩效标准主要是反映营销人员的职务履行情况与工作能力。（　　）

（2）横向比较法就是把各位营销人员的销售业绩进行比较和排队。（　　）

（3）在销售分析中，销售额分析比销售成本分析更为重要。（　　）

（4）企业的市场占有率与市场增长率能够反映各产品对企业的贡献程度。（　　）

（5）如果一个企业不进行销售成本分析，就很难知道投入与产出之间的关系，也就很难有效地分配销售资源、确定销售地区和目标市场。（　　）

（6）总销售额是企业所有产品销售额的总和，同一产品不同地区应该分别计算。（　　）

（7）360度考评主要是上下级之间的考评方法，同事之间没有业务往来，不需要参与考评。（　　）

（8）KPI考评法主要是确定营销人员的关键考评指标，其他指标不需要考虑。（　　）

（9）营销人员绩效考评结果涉及个人隐私，不能公开。（　　）

（10）360度的考核体系可以综合不同评价者的意见，得出一个较为全面、公正的评价结果。（　　）

项目八习题答案

综合实训

综合实训1 市场细分实训

一、背景与情境

随着市场营销知识学习的深入，你们对市场细分也很感兴趣，想了解为什么同一市场上，卖同样产品的商家有很多，他们面对市场是如何思考的？怎样设计产品和服务的呢？你们想深入企业对这些问题进行了解。

二、实训目标

1. 素质目标：在市场细分调研中能与企业市场相关人员顺畅地交流沟通，且小组成员配合密切。实训过程中对实训活动尽心尽力，责任心很强。

2. 知识目标；通过调研活动，进一步深化了对市场细分、市场定位、目标市场等陈述性知识的理解。

3. 能力目标：结合企业实际能运用市场细分原理和方法等知识，指导完成调研活动，并撰写出质量比较高的实训报告。

三、实训步骤

1. 每组4人，其中一人为组长，由组长组织成员讨论分工，明确调研思路，按分工各负其责，相互沟通，积极配合，共同完成本实训任务。

2. 根据本组所选企业经营商品类别，选择两种商品，详细了解这两种商品市场细分、目标市场选择、市场定位等实际情况。

3. 实际调查前要从网上和图书馆搜集市场细分、目标市场和市场定位策略等企业真实的案例和相关资料。

四、实训要求

1. 每组撰写一份调查报告，调查报告要说明调查什么企业，调查了两种什么产品，每种产品企业是如何市场细分的，详细说明细分的标准，企业是如何选择目标市场的，如何进行市场定位的。

2. 报告呈现形式由各组自定，报告不少于 1500 字。

五、实训时间（4 课时）

在学生学习完本项目内容开始时，即可让学生分组，布置本实训任务，利用课余时间去企业进行调研，并积极撰写调研报告。在本项目学习完后，用 4 个课时让各小组介绍展示本组报告，其他组同学可发表个人意见，最后由老师点评。经过展示点评，各组认真修改完善实训报告，并把修改后的报告在班级微信群展示交流。

六、成果展示

老师组织各个小组在班级展示调查报告，成果展示的方式由小组自己设计。

七、实训评价

市场细分实训评价表

项目	评价标准	分值	小组个人自评（30）	小组成员互评（30）	教师评价（40）	小计
素质培养（30）	参与市场细分实训的态度端正，有浓厚的兴趣，小组讨论积极踊跃	10				
	能根据情景和自身实际自主学习，能主动提出关于市场细分工作的相关问题，积极主动收集资料	10				
	能够结合调查认识到市场细分工作价值；对完成实训活动有高度的责任心，工作认真	10				
知识应用（20）	通过实训进一步加深了对市场细分、目标市场选择、市场定位等基本知识的理解	10				
	熟悉市场细分标准、市场如何定位方法等程序性知识	10				
能力提升（20）	能将所学的市场细分知识指导实训活动，学以致用	10				
	具有正确分析市场细分工作的专业能力	10				
项目成果展示（30）	小组能够独立完成实训活动，完成任务及时，并能主动解决调查中出现的问题	10				
	市场细分调查报告结构完整，无错别字，观点正确	10				
	市场细分调查报告汇报形式新颖，语速恰当，语言流畅，有感染力	10				
合计		100				

综合实训2　产品策略实训

一、背景与情境

当同学们学习了产品策略以后，你们很好奇，想结合企业目前生产和营销的产品，认真分析一下产品的构成、产品市场生命周期各阶段及产品服务策略，以加深对所学产品策略知识的理解。

二、实训目标

1. 素质目标：会运用市场营销产品策略的专业知识与企业营销人员沟通，会精心选择问题，巧妙地提出问题，在实训活动中表现出积极的工作态度、认真负责的工作精神。

2. 知识目标：通过企业实地调研，加深对产品、产品构成、产品市场生命周期及相应的服务策略等陈述性知识理解。

3. 能力目标：结合调查企业实际产品，具有分析产品组合、产品市场生命周期等产品策略基本问题的专业能力。

三、实训步骤

1. 每组4人，其中1人为组长，由组长组织成员讨论小组成员分工，明确调查思路，按分工各负其责，相互沟通，积极配合，共同完成实训任务。

2. 根据各组所选企业经营商品类别，选择两种商品，详细了解每种商品的构成、该商品处在市场生命周期哪个阶段、相应的服务策略等相关产品策略的内容。

3. 实际调查前要从网上和图书馆搜集企业实施产品策略真实的案例和相关资料。

四、实训要求

1. 每组撰写一份调查报告，报告要说明调查了什么企业，什么产品，该产品的结构、该产品的市场生命周期、相应的产品服务策略等内容。

2. 报告呈现形式由各组自定，报告不少于2000字。

五、实训时间（4课时）

在学生学习完本项目内容开始时，即可让学生分组，布置本实训任务，利用课余时间去企业进行调研，并积极撰写调研报告。在本项目学习完后，用4个课时让各小组介绍展示本组报告，其他组同学可发表个人意见，最后由老师点评。经过展示点评，各组认真修改完善实训报告，并把修改后的报告在班级微信群展示交流。

六、成果展示

老师组织各个小组在班级展示调查报告，成果展示的方式由小组自己设计。

七、实训评价

产品策略实训评价表

项目	评价标准	分值	小组个人自评（30）	小组成员互评（30）	教师评价（40）	小计
素质培养（30）	参与产品策略实训活动的态度端正，有浓厚的兴趣，小组讨论积极踊跃	10				
	能根据情景和自身实际自主学习，能主动提出关于产品策略实训活动中的相关问题，积极主动收集资料	10				
	能够结合调查认识到产品策略工作价值；对完成实训活动高度负责，在实训活动中对各项工作认真	10				
知识应用（20）	通过实训进一步加深了对产品构成、产品市场生命周期、服务策略等相关知识的理解	10				
	熟练掌握产品策略分析的基本思路和方法等程序性知识	10				
能力提升（20）	能将所学的产品策略知识运用到实训任务中，学以致用，完成实训任务	10				
	具有结合实际产品正确分析产品构成、产品市场生命周期策略的能力	10				
项目成果展示（30）	能够独立完成实训任务，并能主动提出问题、解决问题	10				
	产品策略实训报告结构完整，无错别字，观点正确	10				
	产品策略实训报告展示形式新颖，语速恰当，语言流畅，有感染力	10				
合计		100				

综合实训 3　价格策略实训

一、背景与情境

当同学们学习了产品定价策略以后，已经知道了企业的定价目标，定价程序，定价、调价策略与相关定价方法，你们还很想了解一下，企业经营那么多的产品，企业经营者是怎样给自己产品定价的，根据市场供求关系变化又是怎样给自己产品进行调价的。

二、实训目标

1. 素质目标：会用产品定价策略和定价方法等专业知识与企业营销人员进行沟通，并能友好地与企业相关人员处理调研中的相关问题，顺利完成调研任务。具有营销伦理道德和商业保密的安全意识，在调查活动中认真负责，表现出兢兢业业的工作态度。

2. 知识目标：通过企业价格策略实际调研，加深对产品定价目标，定价策略，定、调价方法等陈述性知识的理解。

3. 能力目标：结合产品与企业实际定价方法，能准确分析判断企业定价和调价的方法及原因的能力。

三、实训步骤

1. 每组 4 人，其中 1 人为组长，由组长组织成员讨论小组成员的分工，明确调研思路，按分工各负其责，相互沟通，积极配合，共同完成本实训任务。

2. 根据本组所选企业经营商品类别，选择两种供求情况不同且定价策略不同的产品，详细了解两种产品的定价目标、定价策略和具体的定价方法以及根据供求情况，营销人员调价时机的选择以及调价方法的具体应用。

3. 实际调查前要从网上和图书馆搜集企业实施价格策略真实的案例和相关资料。

四、实训要求

1. 每组成员撰写一份调查报告，报告要详细说明调查了什么企业，什么产品，该产品定价目标、定价策略和定价方法，简要说明为什么这样定价，并了解根据供求情况怎样进行调价，调价时机和调价方法的选择，并说明调价的理由。

2. 报告呈现形式由各组自定，报告不少于 2000 字。

五、实训时间（4 课时）

在学生学习完本项目内容开始时，即可让学生分组，布置本实训任务，利用课余时间去企业进行调研，并积极撰写调研报告。在本项目学习完后，用 4 个课时让各小组介绍展示本组报告，其他组同学可发表个人意见，最后由老师点评。经过展示点评，各组认真修改完善实训报告，并把修改后的报告在班级微信群展示交流。

六、成果展示

老师组织各个小组在班级展示调查报告，成果展示的方式由小组自己设计。

七、实训评价

价格策略实训评价表

项目	评价标准	分值	小组个人自评（30）	小组成员互评（30）	教师评价（40）	小计
素质培养（30）	参与定价策略实训活动中态度端正，有浓厚的兴趣，小组讨论积极踊跃	10				
	能根据情景和自身实际自主学习，能主动提出关于定价策略的实训活动中的相关问题，积极主动收集资料	10				
	能够结合调查认识到定价策略工作的特殊价值；对完成实训任务高度负责，在实训活动中对各项工作认真	10				
知识应用（20）	加深对定价目标、定价程序、定价方法等相关知识的理解	10				
	掌握产品定价程序和定价、调价方法等程序性知识	10				
能力提升（20）	能将所学的价格策略知识运用到实训活动中，学以致用	10				
	结合企业的实际，运用定价策略和定价方法，模拟企业产品定价	10				
项目成果展示（30）	能够独立完成实训完成任务，并能主动提出问题、解决问题	10				
	价格策略实训报告结构规范，无错别字，观点正确	10				
	价格策略实训报告汇报形式新颖，语速恰当，语言流畅，有感染力	10				
合计		100				

综合实训4　渠道策略实训

一、背景与情境

当你们学习了分销渠道策略相关内容以后，已经知道了产品要经过许多环节和通道才到消费者手中，不同的产品销售渠道都相同吗？都经过同样的环节吗？企业经营者是怎样选择营销渠道的？带着这些问题你很想深入企业了解渠道策略的实际情况。

二、实训目标

1. 素质目标：会运用营销渠道的专业知识与企业营销人员进行交流，并按商务礼仪礼貌规范与企业营销人员进行交流，对调查活动责任心强，工作认真负责。

2. 能力目标：通过调研结合不同产品特性和市场供求关系能分析判断该产品应采用什么渠道营销，能准确说出判断的相关依据。

3. 知识目标：通过企业流通渠道调研，结合企业营销实际，能陈述营销渠道、长渠道、短渠道、宽渠道、窄渠道等相关知识。

三、实训步骤

1. 每组4人，其中1人为组长，由组长组织成员讨论成员分工，明确调研思路，按分工各负其责，相互配合，积极完成实训任务。

2. 根据本组所选企业经营商品类别，选择两种商品，一种是适合长渠道营销的产品，另一种是适合短渠道营销的产品，详细了解两种产品营销渠道的内容。

3. 实际调查前要从网上和图书馆搜集企业选择渠道策略的真实的案例和相关资料。

四、实训要求

1. 每组成员撰写一份渠道策略实训报告，报告要说明调查了什么企业，什么产品，每个产品的特性，供求情况，营销渠道内容和营销渠道选择的理由。

2. 报告呈现的形式由各组自定，报告不少于2000字。

五、实训时间（4课时）

在学生学习完本项目内容开始时，即可让学生分组，布置本实训任务，利用课余时间去企业进行调研，并积极撰写调研报告。在本项目学习完后，用4个课时让各小组介绍展示本组报告，其他组同学可发表个人意见，最后由老师点评。经过展示点评，各组认真修改完善实训报告，并把修改后的报告在班级微信平台展示交流。

六、成果展示

老师组织各个小组在班级展示调查报告，成果展示的方式由小组自己设计。

七、实训评价

渠道策略实训评价表

项目	评价标准	分值	小组个人自评（30）	小组成员互评（30）	教师评价（40）	小计
素质培养（30）	参与渠道策略实训的态度端正，积极性高，小组合作意识强，小组讨论积极踊跃	10				
	养成细致、严谨的工作作风，能主动提出关于渠道策略的相关问题	10				
	能够结合实训认识渠道策略在企业营销中的意义，调查中认真负责	10				
知识应用（20）	进一步加深对企业渠道策略、长渠道、短渠道、宽渠道、窄渠道等知识的理解	10				
	掌握企业渠道策略选择的相关知识	10				
能力提升（20）	能将所学的渠道策略知识运用到实训活动中，学以致用	10				
	掌握依据产品选择营销渠道的专业能力	10				
项目成果展示（30）	能够独立完成实训，完成任务及时、主动，并能提出问题、解决问题	10				
	渠道策略实训报告结构完整，无错别字，观点正确	10				
	渠道策略实训报告演讲汇报形式新颖，语速恰当，语言流畅，有感染力	10				
合计		100				

综合实训 5 促销策略实训

一、背景与情境

你们已经学完了促销策略的内容，知道什么是促销，也明白了人员促销、营业推广、公共关系促销、网络促销等促销方式的具体内容；你们也到过许多商场，见过许多促销活动，但每次促销具体怎样实施的，为什么这样实施，你们还不太清楚。你们想深入了解一下企业促销活动是怎样组织实施的，为什么这样做，才能加深对一些促销策略的理解。

二、实训目标

1. 素质目标：会用促销策略中相关术语与企业营销人员进行沟通，具有营销伦理道德和信息安全意识，对完成调查任务认真负责，踏踏实实工作。

2. 知识目标：通过调研结合企业实际，深入理解人员促销、营业推广、公共关系促销、网络促销等陈述性知识。

3. 能力目标：通过调研，熟悉企业对促销时机把握、促销方法应用的相关规范要求，并能结合企业经营特点、产品特性等提出选择运用促销策略建议。

三、实训步骤

1. 每组 4 人，其中 1 人为组长，由组长组织成员讨论成员分工，明确调研思路，按分工各负其责，相互配合，积极完成任务。

2. 根据本组所选企业经营商品类别，选择日常经营和重大节日两种情景进行促销调研。

3. 实际调查前要从网上和图书馆搜集企业促销策略的真实的案例和相关资料。

四、实训要求

1. 每组成员撰写一份促销调研报告，报告要说明调查了什么企业日常产品的经营，什么重大节日，日常经营是如何促销的，重大节日又是如何促销的，详细记录相关促销活动过程和细节，并说明理由。

2. 报告呈现的形式由各组自定，报告不少于 2000 字。

五、实训时间（4 课时）

在学生学习完本项目内容开始时，即可让学生分组，布置本实训任务，利用课余时间去企业进行调研，并积极撰写调研报告。在本项目学习完后，用 4 个课时让各小组介绍展示本组报告，其他小组同学可发表个人意见，最后由老师点评。经过展示点评，各组认真修改完善实训报告，并把修改后的报告在班级微信群展示交流。

六、成果展示

老师组织各个小组在班级展示调查报告，成果展示的方式由小组自己设计。

七、实训评价

促销策略实训评价表

项目	评价标准	分值	小组个人自评（30）	小组成员互评（30）	教师评价（40）	小计
素质培养（30）	参与促销策略实训的态度端正，积极性高，小组合作意识强，小组讨论积极踊跃	10				
	养成细致、严谨的工作作风，能主动提出关于促销策略的相关问题	10				
	能够结合实训认识促销策略在企业营销中的意义，调查中认真负责	10				
知识应用（20）	了解促销、人员促销、营业推广、公共关系促销、网络促销等知识	10				
	掌握常用促销方式的注意事项	10				
能力提升（20）	能将所学的促销策略知识运用到实训任务中，学以致用	10				
	正确分析促销策略的时机和方法选择	10				
项目成果展示（30）	能够独立完成实训，完成任务及时、主动，并能主动提出问题、解决问题	10				
	促销策略实训报告结构完整，无错别字	10				
	促销策略实训报告展示形式新颖，语速恰当，语言流畅，有感染力	10				
合计		100				

综合实训 6 销售分析和绩效考评实训

一、背景与情境

你们已经学完了销售分析和绩效考评的内容，知道什么是销售分析和绩效考评，也明白了销售分析和绩效考评等的具体内容，你们也到过许多商场，听说过许多销售分析和绩效考评的事情，但企业具体是怎样组织实施销售分析和绩效考评的？为什么这样考评？你们还不太清楚，想深入了解一下企业销售分析和绩效考评活动是怎样组织实施的和为什么这样考评？

二、实训目标

1. 素质目标：会用销售分析和绩效考评活动中相关术语与企业营销人员进行沟通，具有营销伦理道德和信息安全意识，能正确认识对员工的考评是一件基础性的工作，需要客观、公正地对待。

2. 知识目标：通过调研结合企业实际，能够陈述销售分析和绩效考评等陈述性知识。

3. 能力目标：通过调研，熟悉企业销售分析和绩效考评方法应用的相关规范要求，并能结合企业经营特点等整理调研资料，并提出选择运用销售分析和绩效考评方法的建议。

三、实训步骤

1. 每组 4 人，其中 1 人为组长，由组长组织成员讨论成员分工，明确调研思路，按分工各负其责，相互配合，积极完成任务。

2. 根据本组所选企业进行销售分析和绩效考评调研。

3. 实际调查前要从网上和图书馆搜集企业销售分析和绩效考评的真实案例和相关资料。

四、实训要求

1. 每组成员撰写一份销售分析和绩效考评调研报告，报告要说明调查了什么企业，企业是如何进行销售分析和绩效考评的，详细记录相关销售分析和绩效考评工作过程和细节，并说明理由。

2. 报告呈现的形式由各组自定，报告不少于 2000 字。

五、实训时间（4 课时）

在学生学习完本项目内容开始时，即可让学生分组，布置本实训任务，利用课余时间去企业进行调研，并积极撰写调研报告。在本项目学习完后，用 4 个课时让各小组介绍展示本组报告，其他组同学可发表个人意见，最后由老师点评。经过展示点评，各组认真修改完善实训报告，并把修改后的报告在班级微信群展示交流。

六、成果展示

老师组织多个小组在班级展示调查报告，成果展示的方式由小组自己设计。

七、实训评价

销售分析和绩效考评实训评价表

项目	评价标准	分值	小组个人自评（30）	小组成员互评（30）	教师评价（40）	小计
素养培养（30）	参与实训的态度端正，积极性高，纪律性强，小组讨论积极踊跃	10				
	养成细致、严谨的工作作风，能主动提出关于销售分析和绩效考评的相关问题，商业伦理道德和信息安全意识强	10				
	能够结合实训认识到销售分析和绩效考评在营销活动中的重要价值，在实训活动中认真负责、责任心强	10				
知识应用（20）	通过实训加深了对销售分析和绩效考评等基本知识的理解	10				
	掌握常用的销售分析和绩效考评工作的注意事项	10				
能力提升（20）	能将所学的销售分析和绩效考评知识运用到实训任务中，学以致用	10				
	结合企业实际能正确选择销售分析和绩效考评方法	10				
项目成果展示（30）	能够独立完成实训，完成任务及时、主动，并能主动提出问题、解决问题	10				
	销售分析和绩效考评实训报告结构完整，无错别字	10				
	销售分析和绩效考评实训报告展示形式新颖，语速恰当，语言流畅，有感染力	10				
合计		100				

参考文献

1. 杨洪涛. 市场营销 [M]. 北京：机械工业出版社，2015.

2. 吕一林，岳俊芳. 市场营销学 [M]. 北京：科学出版社，2015.

3. 郭国庆. 市场营销通论 [M]. 北京：中国人民大学出版社，2016.

4. 肖涧松. 现代市场营销 [M]. 北京：高等教育出版社，2017.

5. 张云起. 市场营销学 [M]. 北京：高等教育出版社，2018.

6. 肖院生. 市场营销实务 [M]. 2版. 大连：东北财经大学出版社，2019.

7. 姚飞. 市场营销学——前沿、演练与实训 [M]. 大连：大连理工大学出版社，2021.

8. 应旭萍. 市场营销基础 [M]. 北京：高等教育出版社，2021.

9. 王艳霞. 网络营销 [M]. 2版. 北京：高等教育出版社，2022.

10. 凌云，刘齐. 网络营销实务 [M]. 2版. 北京：中国人民大学出版社，2022.

11. 张润琴. 市场营销基础 [M]. 2版. 北京：高等教育出版社，2022.

12. 郭松克. 市场营销学 [M]. 2版. 北京：北京大学出版社，2022.